Jörg Zink · Eine Handvoll Hoffnung

Ein Optimist ist ein Mensch,
der glaubt, die Zukunft sei ungewiss.
Edward Teller
Erfinder der Wasserstoffbombe

Ich bin gewiss, dass nichts
uns scheiden kann von der Liebe Gottes.
Paulus

Jörg Zink

Eine Handvoll Hoffnung

Was uns auch morgen tragen wird

Kreuz

Inhalt

Was das Buch will

Viele meinen, wer heute eine Hoffnung habe, müsse ein Tor sein oder ein Träumer oder aber ein Verzweifelter: ein Tor, der nicht sieht, was kommt; ein Träumer, der Wünsche für Wirklichkeiten hält; ein Verzweifelter, der seine Angst mit lichten Bildern übermalen muss.

Ich meine aber, es gebe Gründe zu hoffen. Ich meine, die Zukunft der Welt sei nicht festgeschrieben, jedenfalls nicht im Sinne einer heute üblichen Katastrophenprophetie. Ich meine, unsere Zukunft habe ein anderer in der Hand als der Mensch mit seiner Ahnungslosigkeit und seiner gefährlichen Selbstsicherheit. Ich meine, es sei in der Welt eine andere Weisheit am Werk als die des Menschen.

Freilich, dieses Vertrauen liegt nicht einfach auf der Straße. Diese Hoffnung pflückt man nicht einfach von irgendeinem Baum. Wir haben heute einen langen Weg zu gehen um sie zu finden. Einen langen Weg nach innen, auf dem wir jenen Bildern begegnen, in denen die Menschheit seit den Anfängen ihres Nachdenkens über Gott ihre Erfahrungen und ihre Hoffnung schaute. Einen langen Weg auch durch die Tagesereignisse von heute, auf dem wir begreifen, dass das nicht die ganze Wirklichkeit ist, was wir dafür halten. Einen langen, aufmerksamen Weg durch die Welt unserer eigenen Erfahrungen, auf dem wir entdecken, dass es einen festen Grund gibt, auf dem wir gehen können, Luft, die wir atmen, Nahrung, die wir essen, Aufgaben, die wir erfüllen, Ziele, die wir erreichen können.

Aber Vertrauen und Hoffnung liegen durchaus nicht

außerhalb unserer Reichweite. Vielleicht müssen wir die verbreitete Vorstellung vieler Christen hinter uns lassen, es sei unser Verstand, der uns den Weg ebnet. Vielleicht müssen wir erst einmal entdecken, dass wir unseren ganzen inneren und äußeren Menschen einbringen müssen, wollen wir Vertrauen fassen oder Hoffnung gewinnen, unseren ganzen Menschen mit all seinen Erlebnissen und Erfahrungen, mit seinen Ahnungen und Traumbildern, seinem Wahrnehmen und Empfinden. Denn was die Bibel – wenn es denn um die Bibel gehen soll – uns zeigt, zeigt sie uns in Bildern.

Sie zeigt ein Volk, das einen mühsamen Weg durch die Wüste zu wandern hat und sich dabei an der Vorstellung festhält, da sei ein Land, in dem Milch und Honig fließen, Milch und Honig als die Erfüllungen aller Wünsche. Und sie zeigt eine Gruppe von Menschen, die um einen Tisch sitzen, Brot und Wein vor sich, die in diesen Bildern von Brot und Wein ihre Zukunft abgebildet sehen, ganz anders als jenes alte Volk. Wir müssen wohl wieder lernen zu verstehen, was mit solchen Bildern gemeint ist.

Sie zeigt eine Familie, die den Untergang der Menschheit dadurch übersteht, dass sie ein Schiff baut. Eine Familie, die den Anprall des Bösen überlebt. Und sie zeigt einen Christus, der seinem Jünger gerade das Umgekehrte zumutet: nämlich das sichere Schiff zu verlassen und aufs Wasser zu treten. Was ist nun das Bild, das wirklich Hoffnung gibt, der Weg ins Schiff oder der Schritt aufs Wasser?

Die Bibel zeigt eine Menschenmenge auf einer kahlen, steppenhaften Berghöhe, deren Problem der Hunger ist, und schildert in einer Geschichte, wie dem Elend der Verlassenen in dieser Welt zu steuern sei.

Sie malt uns das Bild von einem Paradies vor Augen,

das Gott für die Menschen geschaffen habe, und erweitert es um das Bild von einer Stadt, in der die Menschen leben können ohne Furcht, und noch weiter um das Bild von einem Reich, das die Menschen und die Kreatur sonst, das Universum überhaupt einbegreife, und schildert das Ziel der Welt als ein Universum in Gott.

Sie schildert, wie die Bilder sich ändern und wandeln und wie wir in Veränderungen Wahrheit erfassen können. Sie schildert das Ende der Dinge und spricht davon, Christus werde wiederkommen als der Herr der Welt und als der Richter und viele von uns haben es schwer zu verstehen, was damit gemeint ist. Und doch liegt gerade hier die Hoffnung, es werde uns eines Tages eine Erkenntnis zuwachsen, eine Wahrheit, eine Einsicht, die uns den Sinn unseres Daseins und dieser Welt eröffnet.

Sie schildert uns als Gefangene des Leidens, die auf ihre Befreiung hoffen in den uralten Liedern, die von jenem Knecht Gottes gesungen wurden, als er von der Angst und dem Misstrauen seiner Mitgefangenen erschlagen wurde, die erst hinterher erkannten, wie viel Freiheit er ihnen gebracht hatte.

Und sie schildert unsere Bestimmung als Träger des Geistes und als Stellvertreter Gottes gegenüber der Welt, in der wir heute leben, und zeigt uns unseren Auftrag, den Auftrag von Bevollmächtigten und Sachverwaltern Gottes gegenüber der Kreatur.

Dieses Buch geht einen Weg durch die vielen uralten Bilder, in denen die Bibel von unserer Zukunft spricht und von Sinn und Recht unserer Hoffnung.

Bilder anzuschauen, das Herz für eine weitere, umfassendere, tiefere Sicht der Dinge zu öffnen, hinauszuschauen über die engen Räume und kurzen Entfernungen des Menschenlebens, das könnte ein Versuch sein des Erlösenden innezuwerden. Und vielleicht bleibt uns bei unserem Versuch ein Weniges in der Hand: eine Handvoll Hoffnung.

1

Der Traum vom Land, da Milch und Honig fließen

Unsere Hoffnung und die Erfüllung unserer Wünsche

Wie Wünsche zustande kommen

Ich denke etwas mehr als dreitausend Jahre zurück, in die Zeit, als der Pharao Ramses II. in dem Land am Nil regierte. Die Söhne Israels befanden sich auf ihrer berühmten vierzigjährigen Wanderung durch die Wüste Sinai. Hinter ihnen lag, endlich, die jahrhundertelange Sklaverei an den Ziegelöfen und auf den Baustellen der Ägypter. Hinter ihnen lag der Aufstand gegen das Regime des Pharao, dann ein nächtlicher Durchbruch durch die Grenzsperren im Gebiet des heutigen Suezkanals und die Rettung vor einer ägyptischen Streitwagenabteilung, als sie durch das Schilfmeer, wohl eine der vielen Salzlagunen zwischen Nil und Wüstensand in der Gegend des heutigen Sirbonischen Sees, zogen.

Vor ihnen dehnte sich die Wüste. Vor ihnen lagen Sand und Fels, Hitze und Trockenheit, Hunger, Durst und Gefahr. Die Wüste war ihnen fremd, die Wege waren unbekannt. Gewiss, sie hatten Verbindungsleute zu eingeborenen Nomadenstämmen, aber die Chance zu überleben stand dennoch höchstens wie eins zu eins. Das Land aber, in das sie wandern wollten, das Land ihrer Väter, war fern und für lange Zeit unerreichbar, irgendwo im Norden: Kanaan oder, mit seinem heutigen Namen, Palästina. Das hatte ihnen Mose im Namen Gottes versprochen. Ein Land, in dem Milch und Honig fließen sollten.

Das war das Bild, von dem sie unterwegs lebten, das ihnen die Kräfte gab: die Hoffnung auf ein Paradies, das Traumbild von einem gesicherten, erfüllten, glücklichen Leben in einem eigenen Land.

Nach dem Durchbruch begann der lange Marsch und es zeigte sich, dass die Strapazen der Wüste den Wanderern über die Kraft gingen. Es zeigte sich, dass das Bild von dem Land, in dem Milch und Honig bereitstanden, nicht ausreichte ihren Willen am Ziel festzumachen. So begannen sie ihre Wünsche in die Vergangenheit zu richten und von dem Land zu träumen, dem sie eben entronnen waren, dem Land der Sklaverei, in dem es ihnen nach ihren nachträglichen Vorstellungen doch so gut gegangen war. Hin- und hergerissen zwischen Zukunft und Vergangenheit, schreien sie das eine Mal: Wann endlich erreichen wir dieses märchenhafte Land mit seiner Milch und seinem Honig? Und das andere Mal: Wären wir doch geblieben, wo wir waren! Da wurden wir satt! Was schert uns die Zwangsarbeit, wenn wir dabei leben können? Und ihre ausgehungerten Herzen und Gehirne träumen die beiden auch uns Heutigen wohlvertrauten Träume von der herrlichen Zukunft, in der keine Probleme mehr sein werden, und von der guten alten Zeit, in der es die jetzigen Probleme noch nicht gab.

Nun bin ich öfter im Sinai gewesen und bin die Wege abgefahren und abgegangen, die die Söhne Israels damals gewandert sind. Ich habe viele Menschen kennen gelernt, die als Ziegenhirten oder Schafnomaden dort leben, und dabei wurde mir der Traum der Israeliten von einem Land, da Milch und Honig fließen, immer merkwürdiger.

Warum eigentlich träumen sie, wenn sie sich das verheißene Land vorstellen, von Milch und Honig? Milch und Honig, das ist nicht die Nahrung des Bauern oder des Städters in Kanaan, das ist ja gerade die Nahrung des Nomaden, der die Milch seiner Schafe und Ziegen hat und dann vielleicht noch dann und wann wilden Ho-

14

nig, wie man ihn in der Steppe findet. Es gibt keine Äcker im Sinai und also kein Brot. Es gibt keine Weinberge und also keinen Wein. Milch und Honig gibt es und davon immer zu wenig.

Wenn hingegen die Menschen im Kulturland ihr Land preisen, wie es viele Psalmen tun, dann preisen sie die Fruchtbarkeit der Erde, das Brot, das Öl, den Wein, die Früchte der Bäume. Das Leben im fruchtbaren Land hat seine Symbole seit Urzeiten in Brot und Wein. Als Abraham, der Schaf- und Ziegennomade, nach Palästina kam, da bot ihm Melchisedek, der König von Jerusalem, Brot und Wein zum Zeichen, dass er als Gast und Beisasse im Kulturland willkommen sei. Nicht Milch und Honig, sondern Brot und Wein.

Noch einmal: Warum zeigt Mose den wandernden Israeliten in der Wüste, wo man, kärglich genug, von Milch und Honig lebt, die Nahrung der Wüste als das Bild der Zukunft im Kulturland? Warum fasst er die Verheißung Gottes, sie würden in das Land ihrer Väter zurückkehren dürfen, in diese Vision? Warum erhoffen also die Israeliten von der Zukunft das, was sie eigentlich jetzt haben müssten, statt auf das zu hoffen, was die Zukunft wirklich bringen wird? Denn sie erhoffen ja die Milch, die ihnen jetzt so Not wäre und die ihnen immer fehlt, und über die Milch hinaus, von der sie leben müssen, das Zusätzliche, den Honig, den sie jetzt so selten finden.

Aber das ist ja keineswegs untypisch. Das ist nicht der zufällige Fehler, der jenen Wanderern in der Wüste in ihren Hunger- und Durstphantasien unterläuft. Fast alles, was Menschen von der Zukunft erhoffen, ist ein Spiegel ihres gegenwärtigen Mangels, eine übergroße Spiegelung der Wünsche, die ihnen der Augenblick nicht erfüllt. So braucht sich die Zukunft für den Menschen, der leidet, nicht grundsätzlich von seiner Gegenwart zu unterscheiden, aber sie soll von der Mühsal der Gegenwart befreien und den Mangel der Gegenwart durch Überfluss ausgleichen.

In die Wünsche unserer Zeitgenossen übertragen lautet die Hoffnung auf Milch und Honig so:

Wenn heute unsere Sicherheit von Krieg und Terror bedroht ist, dann soll die Zukunft uns die große Sicherheit bieten, und was wir für die Zukunft tun, das tun wir für die größere, die zuverlässigere Sicherheit.

Wenn es uns heute leidlich gut geht, dann soll es uns in Zukunft noch besser gehen und alle Bemühung muss diesem Ziel gelten. Oder auf die Wünsche guter Christen übertragen: Wenn wir in dieser Welt das Glück nicht finden, dann gilt unsere Hoffnung einem Himmelreich, das uns glücklich macht.

Wenn wir in dieser Welt vor Arbeit und Mühe keine Ruhe finden, dann soll uns der Tod den Frieden und die Ruhe bringen und eine Ewigkeit, in der endgültig nichts mehr gefordert wird.

Wenn wir in dieser Welt die meisten Bösen nicht angemessen bestrafen und die meisten Verbrechen nicht aufdecken können, dann gilt unsere Hoffnung einem Gericht, das alle Bösen endlich gründlich bestraft und das herausstellt, wie sehr wir selbst uns von ihnen unterscheiden.

Immer wieder werden wir aus den Bildern, die uns in diesem jetzigen Leben vor Augen stehen, die Bilder der Hoffnung gewinnen, auf die hin wir leben, denken und glauben. Die Bilder, denen wir nachhängen, werden immer wieder Bekanntes, Vertrautes, Irdisches zeigen, aber nun eben in das Licht himmlischer Glorie, himmlischer Fülle getaucht. Milch und Honig, die Nomadennahrung, ist es, von der der Nomade träumt, wenn er an das Land der Äcker und der Weinberge denkt.

Wünsche werden zu Hindernissen

Jahre vergehen. Eines Tages führt der Weg der Söhne Israels sie näher an das verheißene Land und sie senden eine Gruppe von Kundschaftern aus, die sich unter Führung von Josua und Kaleb das Land ansehen sollen. Die Leute finden ein großartiges, fruchtbares Land und bringen von seinen Früchten mit, vor allem eine gewaltig große Traube, die sie an einem Stecken zu zweit tragen. Als sie nun erzählen, wie es im Land wirklich aussehe, dass es zwar ein reiches und schönes, aber ein von fremden Menschen bewohntes Land sei, und die Traube vorzeigen, da schreien die Wüstenwanderer vor Entsetzen auf. Wie stark müssen seine Bewohner sein! Wie aussichtslos muss es sein dorthin gelangen zu wollen! Und sie schrecken zurück vor dieser herrlichen, gefährlichen Zukunft und sammeln sich um die alte Erinnerung an das Traumland der Vergangenheit, Ägypten mit seinen Fleischtöpfen. Und sie wollen, wenn sie nicht nach Ägypten gelangen können, dann doch lieber in der Wüste bleiben bei der sparsamen Nahrung, die ihnen wenigstens sicher ist: bei ein wenig Milch und ein wenig Honig, und weiter von dem Land träumen, in dem die Milch und der Honig fließen.

Was geschah damals in ihnen, in den Menschen, die an der Grenze zu dem Land standen, in das sie doch eigentlich strebten? Übersetzte man es in die Erfahrung, die wir in uns selbst machen können, dann könnte man es so schildern: Sie wenden sich in ihre kindlichen Träume zurück. Sie suchen die früheren, die kindlichen Jahre auf und sperren sich gegen die Zumutung, die Bilder ihrer Hoffnung nach der Wirklichkeit zu korrigieren und erwachsene Menschen zu werden. Milch und Honig, am Anfang ihres Weges einmal sinnvolle Bilder einer fernen Zukunft, werden zu Bildern eines kindischen

17

Wunschtraums. Und in der Tat: Wie sollte ein Kind, das Geborgenheit und Wohlergehen sucht, das Glück überzeugender erfahren können als so, dass es ihm warm und süß in den Mund fließt? Gewiss, das Wort vom Land, da Milch und Honig fließen, war sinnvoll, solange es ihnen in einem Bild, das aus der Erfahrung vertraut war, den Mut und die Kraft gab, die sie brauchten. Aber nun, da sie ihre Vorstellungen ändern und es mit der Zukunft konkret aufnehmen müssten, wird es zum Zeichen der Regression in eine kindliche Lutschphase.

Aber mit dieser Schwierigkeit hatten nicht nur die Wüstenwanderer zur Zeit des Mose, des Josua und des Kaleb zu tun. Wir kommen in der Geschichte durchaus vor.

Wir bedenken, hoffnungsvoll oder voll Angst, unsere Zukunft. Vor unseren Augen steht die Gefahr, dass die Energievorräte unserer Erde eines Tages zur Neige gehen. Wir haben so viel schon aufgezehrt, dass die Gefahr besteht, die Erde werde eines Tages ausgeplündert sein. Wir wissen, dass wir so nicht fortfahren können, wie wir leben und denken. Wären wir erwachsene Menschen, so fassten wir diese unsere Zukunft ins Auge und überlegten uns, wie wir unser Leben anders gestalten könnten als so, dass wir unablässig verbrauchen. Wir suchten Alternativen zur großen Verbrauchergesinnung und Verbraucherhaltung der heutigen Menschen. Da wir aber kindisch geblieben sind, erfinden wir stattdessen immer neue Techniken, die uns Wärme, Wohlergehen und Wohlbefinden verschaffen. Verbrauchen wir heute viel Energie, wollen wir morgen mehr verbrauchen. Ist die Natur heute schuldig, dafür zu sorgen, dass es uns wohl geht, so wird sie morgen noch mehr hergeben müssen: Milch und Honig für den bei aller Milch und allem Honig des Wohlstands kindisch gebliebenen Menschen.

Vor unseren Augen steht etwa auch die Gefahr, dass

unsere blühende Kulturlandschaft sich in eine technische Steppe verwandelt. Wir haben schon so viel zerstört, dass die Gefahr besteht, eines Tages werde der letzte Schmetterling vergiftet und der letzte Garten verödet sein. Wir wissen, dass wir der Natur nicht als Ausbeuter, sondern als Partner gegenüberstehen müssen, wenn wir und mit uns die Welt erhalten bleiben sollen. Aber fast nichts geschieht. Es wird weiter zerstört. Denn sonst wächst die Wirtschaft nicht. Sie muss aber wachsen, denn das Wohlergehen, der Luxus, der Überfluss sind das Ziel: Milch und Honig für den kindischen Verbraucher unserer Tage.

Dass die Zukunft etwas ganz anderes von uns verlangen könnte als die Sicherung des Verbrauchs, das passt nicht in unsere Köpfe. Wer heute aufsteht und von alternativen Lebensformen spricht, wird totgeredet, totgeschwiegen oder totgelacht. Der Hass, der gegen Mose hochschlug, schlägt heute jedem Menschen entgegen, der die Zukunft nicht vernebelt. Die ganze Folge der etwa zwanzig Stellen, an denen das Wort von Milch und Honig in der Bibel vorkommt, ist begleitet vom unaufhörlichen Widerstand und Widerspruch derer, die eigentlich den Weg in die Zukunft antreten müssten.

»Sie murrten wider Gott«, heißt es. »Sie murrten wider Mose.« Und wie ein Kind sind sie zum Weitergehen auf ihrem Weg nur bereit, wenn das Bild der Hoffnung keine Zumutungen stellt, wenn es das Bild jener Erfüllung ist, nach der das Kind sich sehnt: Milch und Honig.

Wünsche müssen überprüft werden

Vielleicht greift darum die Angst um sich in diesem unserem gesicherten, reichen Land, in dem mehr Milch und Honig fließen als in irgendeinem anderen Land der Welt oder irgendeinem Land der Vergangenheit.

Wenn die technische Welt von heute an ihren Problemen zu scheitern droht, dann setzen wir unsere Hoffnung auf die Supertechnik von morgen statt auf Alternativen zu ihr. Indessen könnte es sich so verhalten, dass Hoffnung nur noch dort entstünde, wo wir bereit sind, auf dem Weg der gegenwärtigen und künftigen Technologie umzukehren.

Das scheint zunächst ein Widerspruch zu sein. Bisher war der Sinn der Hoffnung der, dass den Armen in der Zukunft Besseres beschieden sei. Heute ist von den Reichen gefordert, dass sie das scheinbar Schlechtere annehmen, um in der Zukunft Leben zu haben.

Denn die Hoffnung lebt nicht von der Verbesserung oder Verlängerung der Gegenwart, sondern von dem ganz anderen, an dem die Gegenwart endet. Hoffnung lebt nicht von der Sicherung des Bestehenden, sondern von den Alternativen zu ihm. Aber gerade der Gedanke an die Alternative macht Angst. Sollen wir verzichten, damit für unsere Enkel eine Welt übrig bleibt, in der sie leben können? Und wer beweist uns, dass in einem alternativen Lebensstil mehr Leben ist, mehr Gemeinschaft unter den Menschen, mehr Heimat des Menschen in seiner Welt? Wer weiß da Genaues? Ist es nicht sicherer, auf alle Fälle erst einmal weiter zu verbrauchen? Indem wir aber unseren Lebensstandard festhalten wollen, sind wir heute bereits in die ägyptische Sklaverei zurückgefallen. Denn alle Angst ist Unfreiheit. Sie zwingt zur freiwilligen Übernahme der Fron.

Christliche Hoffnung war von jeher gebunden an die

Bereitschaft, die Alternative zu wollen. Denn sie erwartet das Heil der Welt im Augenblick der Gefahr nicht von der Fortsetzung des Gewesenen, sondern von dem Gott, der aus der Zukunft entgegenkommt. Sie erwartet das Heil nicht vom Weitermachen, sondern vom umkehrenden Denken, vom umkehrenden Glauben und Handeln.

Aber was hoffen wir Christen eigentlich? Gewiss ist, dass alle Zukunftsbilder vom Himmelreich, die es als das große Verbraucherparadies schildern, Ausdruck einer kindlichen Erwartung sind. Das Paradies, als wunderbarer Garten vorgestellt, ist ein tröstliches Gleichnis, das uns dann und wann zu Hilfe kommen mag, aber es hat nichts von der Ernsthaftigkeit an sich, in der Jesus vom Reich Gottes spricht.

Wir hören Unzählige ratlos und vorwurfsvoll fragen, wozu denn der Mensch diesen mühseligen Weg auf dieser Erde gehen solle, wenn Gott ihm doch das Paradies zugedacht habe, wozu denn dieses schreckliche Zwischenspiel auf dieser Erde nötig sei mit seinem Jammer und Elend, seiner Härte und Unbarmherzigkeit. Wozu dieses Leiden und Entbehren, wozu diese Kriege und Hungersnöte, diese Erdbeben und Flutkatastrophen. Es gibt in der Tat keine Antwort auf solche Fragen, solange der Mensch dieses Dasein mit dem Blick auf ein kindlich ausgemaltes Paradies durchlebt.

Erwarte ich das Paradies, erwarte ich also meine himmlische Versorgung, dann schränkt sich mein Problem ein auf die Frage, ob ich selbst, ich persönlich, ganz gewiss Zugang haben werde zur Fülle dieses Gartens. Das Elend auf dieser Erde fordert mich nicht heraus, es gewinnt vielmehr den Sinn mich zu erziehen und das ganze Dasein wird zu einer Schule, in der Gottes Pädagogik mich formt, mich tauglich macht für den Eingang in das Paradies. Diese Vorstellung aber kann uns unmöglich genügen.

Wir dürfen uns nicht wundern, wenn heute in der Kirche und um sie her die Vorstellung vom stillen Glück in der Ewigkeit auf Kritik stößt. Wir haben ein Jahrzehnt hinter uns, in dem mit der Einseitigkeit, mit der korrigierende Ideen auf den Markt zu kommen pflegen, von jener Hoffnung die Rede war, die der Christ den Millionen hoffnungslos unterdrückter und ausgebeuteter Menschen dieses Jahrhunderts schuldig sei.

Wünsche der Jüngeren

Übertragen wir diese Zumutung auf das Geschick und auf die Möglichkeiten der Wüstenwanderer von damals, dann stelle ich mir vor, dass da eines Tages ein paar junge Leute es satt hatten, dass die Alten immerfort entweder von einer unwirklichen Zukunft träumten oder von der guten alten Zeit, die sie wiederherstellen wollten. Sie gründeten, stelle ich mir vor, eine »Aktionsgemeinschaft Milch und Honig heute«. Sie hinterfragten die Träume, und sie prüften die Situation. Sie fanden sich nicht ab mit den Verhältnissen. Sie nahmen sich vor, das Bewusstsein der Wüstenwanderer ins Positive zu verändern. So, dass sie ihre Not nicht nur erlitten, sondern auch deuten konnten, und so, dass sie das Elend nicht als gottgeschickte Prüfung ansahen, sondern es beseitigten.

Sie fanden: Woher kommt es, dass uns der Ziegenkäse nicht reicht? Antwort: Die Ziegen geben zu wenig Milch. Warum geben die Ziegen zu wenig Milch? Antwort: Sie haben zu wenig zu trinken. Warum haben sie zu wenig zu trinken? Antwort: Es gibt zu wenig Quellen, und die vorhandenen haben zu wenig Wasser. Warum haben die Quellen zu wenig Wasser? Antwort: Es regnet zu wenig. Woher also nehmen wir mehr Wasser, damit die Ziegen mehr trinken und wir selbst mehr Milch haben? Antwort: Wir legen künstliche Brunnen an, wir graben nicht, wie bisher, zwei Meter tief, sondern zehn oder zwanzig Meter. Das Land, in dem die Milch fließt, liegt nicht in einer sagenhaften Zukunft, es ist bei uns, und wir werden es schaffen. Die Menschen sollen heute leben, heute satt werden, heute glücklich sein. Das ist der Sinn und die Kraft und die Bestimmung unseres Glaubens.

Und wie kommen wir zu mehr Honig? Im Norden liegt ein Gebiet, in dem die Wüste in der Regenzeit blüht, das Land um jene Stadt, in der unser Vater Abraham lebte, der Negeb. Wir könnten von dort Honig importieren, wenn wir etwas dafür anzubieten hätten. Was können wir anbieten? Wenn unsere Ziegen genug Wasser haben, haben wir auch genug Ziegenhaar. Wofür verwenden wir unser Ziegenhaar bisher? Für nichts als Allotria. Da bauen sie ein heiliges Zelt aus Tausenden von Quadratmetern bestem Zelttuch. Da wird, was die Menschen zum Leben brauchen würden, einem Gott hingeopfert, der eigentlich einmal versprochen hat, er werde sein Volk nicht im Stich lassen. Dort werden die Mühe und die Armut der Menschen ausgeplündert, damit die Priester Devotionalien daraus machen: Priestergewänder, Bodenteppiche, goldene Leuchter, kupferne Altarplatten, während der Honig fehlt.

Lasst uns die Güter, die die Wüste hat, gerecht verteilen und das Leben wird schön sein. Wozu der Traum vom gelobten Land, wenn wir es mit unserer Kraft und Phantasie hier in der Wüste bauen können? Nimmt uns der Traum nicht die Kraft, die wir heute brauchen?

Bedenken der Alten

Ich stelle mir vor, dass da ein paar ältere Leute zuhörten und nachdachten und sich mit den Gedanken der Jungen nicht anfreunden konnten. Wie denkt ihr euch das? fing einer an zu fragen. Woher soll das Wasser auf die Dauer kommen? Aus der Erde? Grundwasser kann man austrinken, aber man kann es nicht nachfüllen, es sei denn, es regnet. Man kann auf die Dauer nicht mehr aus der Erde holen, als vom Himmel kommt. Das Ende eurer Begeisterung wird sein, dass der Grundwasserspiegel so tief sinkt, dass die letzten Akazien verdorren. Die letzten Palmen, die jetzt noch an den Wasserlöchern stehen. Ihr überschätzt unsere Reserven. Für den Augenblick, für dieses und das nächste Jahr mag es angehen. Aber am Ende werdet ihr die Lebensbasis in der Wüste nicht verbreitert, sondern zerstört haben. (Anmerkung aus dem 20. Jahrhundert: Wie es denn tatsächlich heute im Wüstengürtel zwischen Marokko und Afghanistan geschieht.)

Ich stelle mir vor, dass da eine Diskussion hin und her ging wie im Mitteleuropa der sechziger Jahre; dass ihr Ende die Verzweiflung der Jungen und der Widerstand der Alten und die Angst der großen Mehrheit war: Man muss den Jungen das Handwerk legen! Sie zerstören alles, wovon wir leben, was gut ist und sinnvoll, gerecht und geordnet.

Und am Ende lief es wieder auf den Traum von den Fleischtöpfen der Vergangenheit hinaus: Wenn die Wüste uns nicht ernährt, wenn das ferne Ziel nicht erreichbar ist, dann lasst uns nüchtern werden, auch wenn es schwer fällt, und annehmen, was wir nicht hatten annehmen können: das fleißige, tüchtige, unfreie, aber gesicherte Leben der Ziegeleiarbeiter in Ägypten. Da saßen wir an den Fleischtöpfen. Da hätten sich

24

diese jungen Heißsporne nicht trauen dürfen mit roten Fahnen zu demonstrieren, wie sie es jetzt vor dem heiligen Zelt tun. Da war Autorität. Da war Ordnung. Da waren Sauberkeit, Zucht und Sitte. Da wusste man, wann die Arbeit begann und wann sie endete. Und da wusste man, dass am Abend die Kessel auf dem Feuer standen.

Und wenn der Stacheldrahtzaun auch keine Freiheit ließ, so war er doch noch lange besser als diese leeren, offenen Wadis mit ihren Räuberbanden und Wolfsrudeln. Da war ein Schutz.

Und wenn die Ägypter auch Feinde und Unterdrücker waren, man hatte doch mit seinen Kindern keine Schwierigkeiten. Der Druck von außen hielt die Familien zusammen.

Und jetzt? Jetzt lebt man in der Gefahr und im Streit. Jeder weiß etwas anderes und will etwas anderes. Jeder schafft irgendetwas ab, das ihm im Wege ist, und am Ende wird nichts mehr gelten und nichts mehr feststehen. Am Ende werden wir mit Programmen gefüttert statt mit Brot. Mit Phrasen statt mit Milch. Mit fixen Ideen statt mit redlicher Nahrung.

Ich weiß natürlich nicht, ob Diskussionen dieser Art vor den Ohren des Mose stattgefunden haben oder nicht. Immerhin wird erzählt, es habe Gruppen gegeben, die sich in der Wüste auf die Dauer einrichten wollten, mit oder ohne goldenes Kalb, auf alle Fälle ohne Hoffnung auf das Land der Zukunft, und andere Gruppen, die nach den Fleischtöpfen schrien. Und wenn ich mir vorstelle, unsere Kirche sei statt auf dem Wege durch das 20. Jahrhundert auf dem Wege der Söhne Israels im Sinai, dann habe ich diese Diskussion deutlich im Ohr.

Dann höre ich die leidenschaftlichen Reden einer progressiven Minderheit in der Kirche, die Verantwortung für die Gesellschaft sucht, soziale Gerechtigkeit, Freiheit der Unfreien, Nahrung für die Hungernden und Verlassenen, und die nach jener Kraft im christlichen Glauben ausschaut, mit der der Friede unter den Menschen und den Völkern herzustellen wäre.

Und ich sehe, wie alles in sich zusammenfiel, was da geplant und gedacht und gehofft wurde. Wie schnell die Kämpfer für das bessere Morgen müde wurden und ausgezehrt. Wie der Regen ausblieb und, weil nichts nachkam, die Quellen versiegten.

Gibt es für die Kirche – so ist doch mit aller Energie zu fragen – einen Weg, der nicht in die Sackgassen von Sozialpolitik und Sozialtherapie führt, aber auch nicht zurück in das Ordnungsdenken der Reaktionäre? Gibt es einen Weg, der weiter führt als in die Resignation? Denn die Resignation herrscht an beiden Enden.

Finden wir zwischen rechts und links, zwischen progressiv und reaktionär oder unabhängig von solchen parlamentarischen Ortsbestimmungen den Weg, den uns Christus zeigt?

Brot und Wein statt Milch und Honig

Es muss uns zu denken geben, dass es bei Jesus nicht eine einzige Stelle gibt, an der er von Milch und Honig als der Nahrung im Gottesreich spricht. Jesus spricht, wenn er von den Bildern der Zukunft redet, von Brot und Wein.

Worin besteht denn der Unterschied zwischen der Bildvorstellung von Milch und Honig einerseits, von Brot und Wein andererseits? Vielleicht dürfen wir mit diesen Bildern einen Augenblick ein wenig spielen.

Milch und Honig sind reine Naturprodukte. Sie entstehen nicht durch die Arbeit und die Erfindungskraft des Menschen, er nimmt sie vielmehr aus seiner Umwelt. Die Natur reicht sie ihm fertig dar, und bietet sie ihm davon genügend an, so ist er im Paradies.

Brot und Wein hingegen entstehen, wo ein Mensch in die Natur eingreift, wo er seine Arbeit einbringt, seine Mühe und seine Erfindungskraft. Brot und Wein tragen die Spur der Bemühung und des Schicksals des Menschen.

Jesus wählt für die Hoffnung auf die Gemeinschaft des Menschen mit Gott also Bilder, die nicht der einfachen Natur entnommen sind, sondern die die Geschichte des Menschen, diese Geschichte von Schweiß, Blut und Tränen mit sich führen. Er sagt: Das Weizenkorn muss bereit sein zu sterben, wenn es fruchtbar werden will. Was nicht in die Erde fällt und zugrunde geht, kann nicht fruchtbar sein. Im Brot liegt ein Gleichnis für die Wandlung des Menschen, für sein Wachstum und für die Ernte, die in einem Leben heranreifen soll. Da geht es um ein Hinwerfen, um ein Verlieren, um ein Fallen ins dunkle Erdreich; da geht es um das Sterben des Korns, um ein Wachstum unter Sonne, Wind und Regen. Da wird geschnitten und gedroschen, gemahlen und gebacken – und so entsteht schließlich die Nahrung, von der Menschen leben können. Und auch Wein entsteht nur, wo gebrochen und gekeltert wird und der Saft zum Wein heranreift.

Aber diese Bilder, dieser realistische Umgang mit Gegenwart und Zukunft hat eine Voraussetzung. Denn das alles könnte nun so wirken, als handle es sich bei dieser Zumutung aufs Neue um eine Überforderung. Aber der Umschlag von der kindlichen Hoffnung auf Versorgung zur Annahme des wirklichen Menschenschicksals geschieht auf der Basis einer schönen, einer tröstlichen Auskunft. In der Anweisung Jesu, dass das Weizenkorn sich fallen lassen solle, liegt das Vertrauen, dass die Erde, in die es fällt, nicht Wüste, sondern fruchtbares Land ist. Lebendiger, nährender Boden.

So liegt auch eine Umdeutung unserer Situation darin: Wir sind nicht in der Wüste. Unsere Hoffnung ist auch nicht, dass wir ins Schlaraffenland gelangen, in dem uns alles in den Mund wächst. Wir sind vielmehr im guten Land und wenn wir es wagen uns der Erde anzuvertrauen wächst Frucht.

Christus sagt: Ich bin das Weizenkorn. So, wie aus dem Weizenkorn Brot wird, so lebt ihr durch mich. So leben andere Menschen durch euch. So lebt die Welt durch die Kirche. Wenn eine Kirche nicht bereit ist ihre gegenwärtige Gestalt zuzeiten aufzugeben, wird sie nicht zu dem Brot werden, von dem die Menschen leben.

Indem Jesus vom Brot spricht, sagt er dem verängstigten Wanderer in der Wüste: Lass die Sorge um dich selbst! Fass das Reich ins Auge. Fasse ins Auge, was du für das Reich Gottes tun kannst und für seine Gerechtigkeit, dann wird sich dein persönliches Schicksal ohne dein Zutun zu einem guten Ende kehren. Kümmere dich weder um dein hiesiges noch um dein ewiges Wohlergehen, weder um deinen hiesigen noch um deinen dortigen Zustand. Sieh zu, dass unter deinen Händen etwas Gerechtes geschieht. Alles andere überlass Gott.

Denn Hoffnung entsteht nicht dort, wo ein Mensch sich ins Paradies verliebt, sondern dort, wo er hinter Jesus Christus her konkrete Schritte der Nachfolge geht, der Nachfolge in das Schicksal des Brots hinein.

Nicht Heldenmut, sondern Vertrauen

Der Weg Christi indessen ist kein Weg, der den Helden vorbehalten ist, den Leuten mit der größeren Kraft, dem Kampfgeist, dem begeisterten Herzen. Wenn der christliche Glaube so ausgelegt wird, dass er sich nur noch für die Leistungsfähigen, die Tüchtigen, die Intelligenten eignet, ist etwas falsch. Es konnte in der Tat in den letzten Jahren immer wieder so aussehen, als seien Christen nur die, die fähig sind, die Welt zu verändern, also nicht die Alten, nicht die Leidenden, nicht die Menschen mit der kleinen Kraft.

Wer den Weg Jesu gehen will, braucht seinen Weg nicht selbst zu erfinden. Er liegt offen da.

Wenn er ihn gehen will, braucht er ihn nicht allein zu gehen. Er geht ihn unter dem Schutz Gottes, in der Begleitung seines Bruders Jesus und in der Kraft des Geistes.

Ehe die Israeliten den ersten Schritt in die Wüste taten, wurde ihnen gesagt: Gott wird bei euch sein. Gott wird euch geleiten. Das Land ist da. Die Kräfte sind da. Der Weg ist da. Die Nahrung und das Wasser für die Hungrigen und Durstigen sind da. Nun geht.

Wenn Jesus Christus uns Zumutungen stellt, beginnt er nicht mit den Zumutungen. Er nimmt uns erst einmal die Last ab. Er lässt uns erst einmal aufatmen. Er gibt uns erst einmal Freiheit. Dass er das tut, nennen wir das Evangelium, die gute, freundliche Botschaft.

Jesus gibt den Kranken, Beschädigten, Versehrten erst einmal ihre Unversehrtheit zurück. Er prüft die Menschen nicht an ihrer Leistung, sondern bejaht sie zuvor. Er nimmt sie erst einmal ernst. Er schickt sie nicht in den Kampf, sondern schafft zuerst einmal Frieden in ihnen. Er beendet erst einmal den Streit, den sie in sich selbst durchfechten, und entlässt sie in den Frieden. Er segnet sie erst einmal und zeigt ihnen mit dem Segen, der von Gott kommt, den Sinn ihres Weges. Er verstellt ihnen nicht mit unerfüllbaren Forderungen die Zukunft, sondern gibt ihnen erst einmal die Hoffnung, dass das Reich ohne ihr Zutun kommt, ohne ihre Bemühung, dass sie aber in dieses Reich von Anfang an einbezogen sind.

Und erst, wenn das klar ist, wenn dieses Evangelium aus dem Munde Jesu ganz deutlich ausgesprochen ist und in die Herzen eingedrungen, folgen die Anweisungen. Nun geh hin und sündige nicht mehr. Nun geh hin und tu, was um der Gerechtigkeit und um des Reiches willen zu tun ist, um Gottes und der Menschen willen. Nimm diese neue Kraft, diesen neuen Frieden, diese neue Gewissheit, diese Hoffnung und trachte nach dem Reich und seiner Gerechtigkeit. Wirke mit aller Entschiedenheit. Wirke mit allen Kräften. Tu es aber in aller Gelassenheit, als ein zuversichtlicher Mensch, dessen Furcht von ihm genommen ist. Geh in Frieden.

Am Anfang steht nicht die überschwere Aufgabe. Am Anfang steht die Begegnung mit Jesus Christus. Am Anfang steht nicht unsere Bemühung mit harter Arbeit und hartem Nachdenken der Zukunft ein wenig Hoffnung abzuringen; am Anfang steht Jesus Christus.

An dieser Reihenfolge liegt nicht nur viel, an ihr liegt alles. An dieser Reihenfolge liegt es, ob in unser Nachdenken Hoffnung einziehen kann. Ob wir uns das Denken erlauben können, weil unsere Hoffnung der Zukunft standhält. Ob wir hoffen können und dabei frei bleiben von Weltflucht und bereit das Unsere auf dieser Erde zu tun. Oder ob wir, wie unendlich viele gutwillige, moderne junge Leute, in Enttäuschung, Anpassung oder ohnmächtigem Widerspruch untergehen. Ob uns die Kämpfe und die Schicksale, die wir erleiden, zu viel werden und uns am Ende die Angst vor Leiden und Tod besetzt. Ob wir in der Angst untergehen müssen oder sie durchschreiten können.

Wer noch vom kargen Leben in seiner Wüste aus sich eine goldene Zukunft ausmalt, in der ihm, was er braucht, in den Mund fließt, wird immer hin- und hergeworfen sein zwischen Hoffnung und Verzweiflung, guten Vorsätzen und Vorwürfen gegen Gott. Unser Weg ist aber nicht der Weg träumender Kinder ins Paradies, sondern der Weg wacher Menschen in der Nachfolge Jesu ins Reich.

Für den Menschen, der Jesus nachfolgt, rücken an die Stelle von Milch und Honig Brot und Wein als Symbole seines Weges und Ziels: das Brot als Symbol des Weges, der Wein als Symbol eines Festes, das jenes letzte Ziel vorweg nimmt.

Brot und Wein: Bilder der Reifung

Zwischen diesen beiden Zukunftsbildern aber – Milch und Honig, Brot und Wein – liegt ein Prozess des Wachstums, der Reifung, der Wandlung. Der Hoffende soll, das meint der Wechsel der Bilder, erwachsen werden. Er soll seine kindlichen Erwartungen hinter sich lassen.

Der kindliche Mensch – ich sagte es schon – sieht die Welt als eine Versorgungseinrichtung an, die ihn wie eine große Mutter unbegrenzt warm zu bergen hat, unbegrenzt zu ernähren und zu tränken, unbegrenzt glücklich zu machen. Fast alles, was wir Heutigen uns von unserer Zukunft erhoffen, ist in diesem Sinn kindlich. Und ein Teil des Fehlverhaltens, das wir an der heutigen Menschheit ihrer Welt gegenüber beobachten, ist denn auch Ausdruck einer einzigen, weltweiten Versorgungsneurose, die so weit reicht wie unsere Zivilisation.

Wie aber wird man erwachsen? Paulus sagt: Du wirst nicht erwachsen dadurch, dass du an Jahren älter wirst. Erwachsen wirst du dadurch, dass etwas Neues in dir entsteht und reift, das nicht du selbst bist. Es muss mit dir zusammen wachsen und dir von innen her eine neue Fülle geben, eine größere Ganzheit, eine Weite, die dich einbezieht in das größere Dasein.

Christus muss wie ein Weizenkorn in dir Wurzeln schlagen. Er muss in dir wachsen und Gestalt annehmen, dich durchdringen und erfüllen, und so musst du, der glaubende, hoffende Mensch, reifen bis zu jener erwachsenen Menschlichkeit, die du an Jesus Christus ablesen kannst. »Bis zum Maße des vollkommenen Alters Christi«, sagt Paulus in etwas verschlüsselter Rede.

Wer dann die Zukunft ins Auge fasst, übernimmt das Schicksal des Korns. Er lässt sich, wenn es ihm beschieden ist, aussäen. Er verlässt sich auf das geheimnisvolle Gesetz des Neuwerdens und Wachsens. Er lässt sich am Ende schneiden und dreschen, mahlen und backen, mit anderen zusammen, zu dem Brot, von dem die Menschen leben können, und anders als durch diese Bereitschaft hindurch ist Hoffnung auf den Himmel von jeher eine kindliche Sache gewesen und wird es immer sein.

Aber da tritt nun das zweite Bild der Hoffnung vor unsere Augen: Da sagt Jesus Christus nicht nur: Ich bin das Brot. Er sagt auch: Ich bin der Weinstock. Und was entstehen soll dadurch, dass ihr als Zweige, als Reben an mir bleibt, das ist der »Wein«.

Nehmt hin und trinkt, sagt Jesus den Seinen. Dieser Wein des Opfers, das ich bringe, ist zugleich der Wein des Festes, hier in dieser Welt und für die Zukunft im Reich des Vaters.

Das Brot, das durch den Tod hindurch gewonnen wird, ist die Nahrung, von der die Menschen in dieser

Welt leben, zugleich Frucht der Gerechtigkeit, Frucht für das Reich. Zeichen für das, was bleibt über den Wandel der Geschichte, über ihre Katastrophen und über ihr Ende hinaus.

Der Wein, der durch den Tod der Traube gewonnen wird, ist der Trank, der die Menschen in dieser Welt erfüllt und fröhlich macht, Geist und Lebensfreude verleiht und zugleich das Symbol des ewigen Festes, das wir das Reich Gottes nennen.

So wird die Weltgeschichte zum Nachvollzug der Geschichte Jesu Christi. So geht das Sakrament des Todes und des Lebens in die Gegenwart und Zukunft der Menschheit ein und schafft Hoffnung, wo Hoffnung sonst auf keine Weise zu gewinnen wäre.

Wünsche für die Kirche

Da ist noch einmal die ganze Speisekarte: Da haben wir Leute, die sagen: Es muss doch möglich sein, aus dieser Kirche eine bewegliche, aktive Kraft zu machen, die die Probleme dieser Zeit auf moderne Weise löst. Eine Kirche, in der es frei und human zugeht, in Gerechtigkeit und Frieden, eine herrliche, eine vollkommene Kirche, eine Zukunft, in Milch und Honig getaucht.

Und da haben wir in der Kirche jene Leute, die sagen: Schluß mit der Träumerei! Die Enttäuschten, die nun zurückkehren möchten in die Vergangenheit. In die gute alte Zeit. In die gute alte Kirche. Und das Bild ihrer Hoffnung ist das von den traumhaft duftenden Fleischkesseln, vor denen man im Land der Vergangenheit angeblich gesessen hatte.

Da ist zum Dritten die Hoffnung der Glaubenden, die das Neue und Unbekannte annehmen, die den Weg suchen mit Christus, dem die Zukunft auch einer gefährli-

33

chen und gefährdeten Welt gehört. Und das Bild der Hoffnung ist das vom Brot und vom Wein.

Der Sicherung der Gegenwart und ihrer Verbesserung gilt die erste Hoffnung.

Der Wiederherstellung der Vergangenheit gilt die zweite.

Dem vertrauenden Weg in eine ganz andere und fremde Zukunft gilt die dritte.

Der Wechsel von »Milch und Honig« zu »Brot und Wein« im christlichen Bewusstsein von heute könnte bedeuten, dass endlich das einfältige Vertrösten ein Ende hätte. Es könnte bedeuten, dass unsere Hoffnung eine Hoffnung nüchterner Menschen würde, die sich weder über die Gegenwart noch über die Zukunft etwas vormachten. Diese Hoffnung ginge davon aus, dass die Welt die Welt Gottes bleibt trotz des Menschen. Dass wir Menschen die Söhne und Töchter Gottes bleiben trotz alles dessen, was durch uns geschieht. Dass diese Welt eine Vollendung und Erneuerung vor sich hat, die wir das Reich nennen. Dass Gott in dieser Welt bleibt und die Welt in Gott. Dass Gott in uns bleibt und wir in Gott. Dass Jesus Christus uns voraus ist und wir in seinen Spuren einen Weg finden können, auf dem die höchste und letzte Hoffnung des Glaubens sich erfüllen wird.

Denn es geht nicht um eine »bessere Zukunft« und es geht nicht um die Erfüllung unserer Wünsche. Es geht darum, dass die Hoffnung des Glaubens sich erfüllt auf eine Weise, die über unsere Wünsche in jeder Hinsicht hinausgeht.

Und so hoffe ich auf eine Kirche, gleich welcher Konfession, die den Mut hat die Fleischtöpfe ihrer Geschichte hinter sich zu lassen, zugleich aber auch auf die Wunschträume zu verzichten, die aus ihrer gegenwärtigen Armut hervorgehen, und sich einer Zukunft anzu-

34

vertrauen, in der Christus sie führen wird, in der der Geist Gottes ihr das Wort zuspricht, von dem sie lebt, in der Gott, der Vater und der Herr, sie vollenden wird zu der Gestalt, die er allein ihr zugedacht hat.

Das Bild der Hoffnung, das der Kirche gegeben ist, ist das Geheimnis des in den Gestalten von Brot und Wein gegenwärtigen Christus und anders als in den Bildern der Hingabe wird es für die Kirche, solange die Welt steht, keine Bilder der Hoffnung geben. Denn in das Bild solcher Hoffnung ist alles eingegangen, was diese Welt an Elend und an Rätseln hat: der millionenfache Hunger, die schreiende Ungerechtigkeit, die Klage von Hilflosen und von Kindern, das Leiden der Kreatur überhaupt.

Indem wir aber offenen Auges durch diese Welt gehen, schauen wir, was unserem Glauben aus der Zukunft entgegenkommt und sind wir Menschen, die eine Zukunft, Gottes Zukunft, vor sich haben.

2

Ein Schiff
und ein Boot

Unsere Hoffnung auf
die Überwindung des Bösen

Gefährdung durch das Böse

Wenn wir den Blick in die Zukunft richten, werden wir immer zugleich Hoffnung hegen, zitternde, unsichere Hoffnung, und Sorge, Furcht vor dem, was da an Gefahr und Unheil drohen könnte. Aber eins steht wie eine schwarze Wand vor uns und schafft die eigentliche Angst: Das ist die Tatsache, dass das Böse uns auch in Zukunft begegnen wird.

Wenn wir den Blick rückwärts wenden und versuchen aus der Vergangenheit, aus der Tradition unserer Kultur oder aus den Erfahrungen unseres eigenen Lebens Kräfte zu ziehen, die wir heute brauchen, dann ist dort, in dieser Vergangenheit, viel Wunderbares und Großartiges und ebenso viel Misslungenes, dann liegen dort die Fehlentscheidungen herum und die Enttäuschungen und die Scherben von allerlei guten Plänen. Aber was uns den Atem nehmen kann beim Blick in die Vergangenheit, das ist, dass wir, wenn wir es nicht verdrängen, des Bösen ansichtig werden: des Bösen, das in den Menschen und in ihrer Geschichte die Macht hat, die Macht auch in uns, wenn wir uns über uns selbst keinen Illusionen hingeben.

Und wenn wir heute dastehen und fragen: Was kann, was muss in der Zukunft geschehen, damit das Leben und das Glück und das Heil der Menschen bewahrt werden? Was müssen wir tun, welche Kräfte müssen wir in Bewegung setzen? Dann mögen wir hin- und hergerissen sein zwischen gutem Selbstvertrauen und dem Gefühl unserer Ohnmacht. Aber die eigentliche Bedrohung unserer Hoffnung ist die Tatsache, dass auch bei allem guten Willen das Böse, das aus der Vergangenheit

herkommt, durch uns seine Macht nicht verliert, dass es
uns vielmehr begleitet und überholt und uns aus der Zukunft wieder entgegenkommt. Eine Geschichte mag davon erzählen. Sie beginnt mit einem Selbstgespräch
Gottes:

»Als nun Gott sah, dass die Bosheit
der Menschen auf der Erde groß war
und aus ihrem Herzen immer nur Böses kam,
reute es ihn,
dass er die Menschen geschaffen hatte,
und es bekümmerte ihn.
Er sprach: Ich will den Menschen,
den ich gemacht habe, ausrotten,
und nicht nur den Menschen,
sondern auch das Vieh,
die Kriechtiere und die Vögel des Himmels.
Nur Noah fand Gnade vor seinen Augen.
Und Gott sprach zu Noah:
Ich habe beschlossen,
alles Lebendige zu vernichten,
denn die Erde ist voller Frevel,
die die Menschen tun.
So will ich sie von der Erde wegfegen.
Du aber baue dir einen schwimmenden Kasten.
Geh hinein und nimm deine ganze Familie mit,
denn du allein unter den Menschen
bist in meinen Augen gerecht.
Und von allen Tieren
sollst du je ein Paar in die Arche führen
um sie mit dir am Leben zu erhalten.

(1. Mose 6)

Denn nach sieben Tagen
will ich vierzig Tage und vierzig Nächte lang

auf der Erde regnen lassen und alles Lebendige,
das ich geschaffen habe, ausrotten.

Noah tat, was Gott befohlen hatte,
und ging mit seinen Söhnen, seinen Frauen
und den Frauen seiner Söhne in den Kasten,
und Gott selbst verschloss hinter ihm die Tür.

Nach sieben Tagen
kamen die Wasser der Flut über das Land.
Es regnete vierzig Tage und vierzig Nächte,
das Wasser stieg und trug den Kasten empor
und er schwamm über der Erde.
Alles Lebendige auf dem Lande ging zugrunde,
vom Menschen bis zum Vieh
und bis zu den Vögeln.
Nur Noah und die mit ihm in dem Kasten waren,
blieben übrig.   (1. Mose 7)

Nach vierzig Tagen
sandte Gott einen Wind über die Erde
und das Wasser fiel.
Es verlief sich und nahm ab.
Am 17. Tag des 7. Monats
setzte die Arche auf dem Gebirge Ararat auf.
Da öffnete Noah ein Fenster
und ließ einen Raben fliegen,
der flog immer hin und her,
bis die Wasser vertrockneten.
Danach sandte er eine Taube aus
um zu erfahren,
ob das Wasser sich verlaufen hätte.
Da aber die Taube keinen Platz fand,
an dem sie sich niederlassen konnte,
kehrte sie in die Arche zurück.

Nach weiteren sieben Tagen
sandte er die Taube zum zweiten Mal aus.
Und die kehrte gegen Abend zu ihm zurück,
ein frisches Ölblatt im Schnabel.
Nach abermals sieben Tagen
ließ er sie wieder ausfliegen,
da kehrte sie nicht mehr zu ihm zurück.
Er entfernte das Dach und sah,
dass die Erde trocken war.

Da sprach Gott zu Noah:
Geh nun aus der Arche,
du und deine Familie und alle Tiere,
dass sie sich regen und sich auf der Erde ausbreiten.
Und er verließ die Arche
mit allen lebendigen Wesen, die darin waren.

Draußen aber baute Noah dem Herrn einen Altar
und opferte ihm.

Und der Herr sprach bei sich selbst:
Ich will die Erde nicht mehr verfluchen
wegen der Frevel der Menschen.
Denn was der Mensch will und was er tut,
ist ja doch böse von seiner Jugend an.
Solange die Erde steht, soll nicht aufhören
Saat und Ernte, Frost und Hitze,
Sommer und Winter, Tag und Nacht.   (1. Mose 8)

Und Gott sprach zu Noah und seinen Söhnen:
Einen Bund will ich schließen
mit euch und euren Nachkommen.
Es soll keine zweite Flut kommen.
Das Zeichen dieser Zusage soll der Bogen sein,
den ich in die Wolken setze.

Wenn Wolken sich über der Erde auftürmen
und der Regenbogen in den Wolken erscheint,
sollt ihr sehen, dass mein Bund mit euch feststeht.

(1. Mose 9)

Ein Schlag ins Wasser

Zweimal stellt Gott fest, dass das Menschenherz böse
sei und Böses bewirke: vor der Flut und nach der Flut.
Das ist eigentlich unbegreiflich. Hatte er nicht die Gerechtigkeit des Noah gerühmt und hatte er sich nicht die
Ausrottung aller vorgenommen, die nicht gerecht waren
wie er? Woher kommt das Böse, das danach die reinge-
waschene Erde wieder überzieht? Wozu die ganze Flut,
wenn das Böse doch nicht überwunden ist? Wozu der
Tod der sündigen Menschheit, wenn die Menschheit danach um kein Haar besser ist?

Ist nicht das ganze Unternehmen »Sintflut« sinnlos
und vergeblich und ist ihr Ergebnis nicht dies, dass nun
eben das Böse ungehinderter, nicht einmal mehr durch
eine Flut bedroht, sich auf der Erde ausbreitet? Ist es
nicht im wahrsten Sinn des Worts ein Schlag ins Wasser?

In der Tat: Wenn auch durch keine Sintflut etwas aus-
zurichten ist, was soll dann im Laufe der Geschichte im
Kampf gegen das Böse noch bewirkt werden?

Was meint die Sintflutgeschichte?

Diese Geschichte von der großen Flut ist älter als die
Bibel. Sie ist sozusagen eine Menschheitsgeschichte,
die immer wieder in anderer Gestalt deutet, wie die
Menschheit ihr Schicksal auf dieser Erde zu verstehen

43

habe. Tausend Jahre vor Abraham erzählt das Gilga-
mesch-Epos, das Urepos der mesopotamischen Völker:

»Da war eine Stadt am Ufer des Euphrat –
Surippak. Die Stadt war alt
und die Götter standen ihr nahe.
Eine Sintflut zu senden trieb die großen Götter ihr Herz.
Er aber, der große Gott, sprach zu Utnapischtim:
Du Mann aus Surippak!
Reiß nieder dein Haus, baue ein Schiff.
Lass fahren den Reichtum, rette dein Leben.
Führe vielerlei lebendige Wesen ins Schiff.
Und er baute das Schiff, einen Acker groß.
Sieben Deck hoch und jedes Deck mit neun Räumen.
Als nun ein Schimmer des Morgens erglänzte,
stiegen finstere Wolken auf,
da trat Utnapischtim ins Schiff und schloss die Tür.
Der Südsturm raste mit Macht,
überflutete der Berge Spitzen
und überfiel die Menschen wie ein Krieg.
Wie Schlachtreihen aus der Tiefe kam die Flut.
Dunkel war es, keiner sah den anderen.
In Angst gerieten die Götter vor dem Wasser,
sie flohen und stiegen zum Himmel auf,
wie Hunde kauerten sie am Boden . . .«

Dieses alte Lied sagt: Ob die Menschen überleben, das
ist den Göttern nicht so wichtig. Die Götter ziehen sich
im Zweifelsfall in den Himmel zurück und überlassen
die Menschen dem Untergang. Verlassen stehen die
Menschen den Dämonen und den Göttern aus der Tiefe
gegenüber, denen sie nichts entgegenzusetzen haben,
die sie mit Tod und Finsternis, Krieg und Flut überfallen.
Die Götter selbst aber zittern vor Angst, die Mächte der
Zerstörung könnten auch sie erreichen.

Wenn wir die Geschichte ganz verstehen wollen, müssen wir sehen, dass die Welt nach der Anschauung der damaligen Menschen so gebaut war, dass die Erdscheibe auf einem ungeheuren Wasser wie eine Insel schwamm, dass über die Erde eine durchscheinende Glocke gestülpt war wie eine Käseglocke, über der Käseglocke stand der himmlische Ozean, der den Himmel blau macht ...

Der Mensch führt also, mit seiner Erdscheibe auf dem Urmeer wie in einer riesigen Arche Noah fahrend, wie unter einer Glocke über und unter ungeheuren Wassermassen sein bedrohtes Leben. Steigt das Wasser aus der Tiefe, so gibt es sowenig eine Rettung, wie wenn die Fenster am Gewölbe des Himmels sich öffnen und der Himmelsozean in einem alles ertränkenden Wassersturz über die Erde herabbricht.

Ob die Götter dies tun, ob sie dem Wasser freien Lauf geben, das weiß niemand. Wenn ihr Herz sie treibt, tun sie es.

Wenn nun die Bibel diese Geschichte aufgreift, dann, weil sie das Schicksal der Menschen anders deutet als das alte Epos. Weil sie Gott und die Welt einander anders zuordnet, als der sumerische Mythus es tut. Sie sagt: Die Situation des Menschen ist extrem bedroht. Gewiss. Aber sein Schicksal hängt nicht ab von den Einfällen launischer Götter, sondern vom planenden Willen eines klar denkenden Gottes. Und dieser Gott ist verlässlich. Wenn er sagt: Es soll keine Flut mehr kommen, dann wird sich der große Untergang nicht wiederholen. Wenn er sich uns verpflichtet, das heißt, wenn er eine Art Bund mit uns Menschen schließt, dann dauert das Menschenleben auf dieser Erde, solange auf dieser Erde Tag und Nacht, Sommer und Winter, Frost und Hitze dauern, unabhängig davon, wie böse der Mensch sei.

Und wenn der Mensch sieht, wie sich die dunklen Wolken über der Erde auftürmen, dann stellt Gott seinen Regenbogen dazwischen. Denn der Regenbogen, so deuteten sich die Menschen der Bibel das farbige Schauspiel, ist die Spiegelung der Sonne in der großen, glänzenden Himmelsglocke und er zeigt an, dass das Gewölbe noch da ist, dass der Schutz über der Erde, der sie vor dem Ozean am Himmel oben bewahrt, noch fest steht.

Das ist die Glaubensaussage, die der biblischen Erzählung ihr Gewicht gibt: Wenn auch alle anderen überzeugt sind, die Weltgeschichte laufe durch Zufälle, wie sie eben läuft, und es gebe kein Ziel, auf das sie zusteuern werde, es gebe keinen planenden Willen, der ihr eine Richtung verleihe, so sagen wir dagegen: Da ist der Wille und die Macht eines Gottes, der sie steuert, und da ist seine Weisheit, die zu einem Ziel führt.

Die Geschichte meint: Gott steht über den Ereignissen. Er will. Er handelt. Er ist es, der die Schleusen öffnet, der die Fenster des Himmels aufmacht. Er ist nicht eins mit der Welt. Er ist dem Geschehen nicht ausgeliefert. Er ist gerecht. Und er geht immer wieder den Schritt von der Gerechtigkeit zur Gnade, er ist letzten Endes der Gnädige, der das Leben schützt, auch gegen die Bosheit der Menschen. Er ist der Erhalter der Welt, der die Geduld hat, das Zerstörende in seinem ihm zugewiesenen Rahmen wirken zu lassen und das Ganze doch zu erhalten. Er ist der Vollender und Erneuerer der Welt. Der Mensch bleibt Bild Gottes, auch wenn er sich von Gott abwendet. Der Mensch bleibt gesegnet, auch wenn er verdirbt, was ihm Gott gibt. Der Mensch bleibt der Herr über die Schöpfung, auch wenn er seine Herrschaft tausendfach missbraucht.

Die Welt aber hat das Gepräge einer gestörten Schöpfung, und die Weise, in der der Mensch seine Herrschaft ausübt, ist nicht unbeteiligt daran. Denn der Mensch, dem das Leben anvertraut ist, ist zugleich der Mörder des Lebens.

Das Böse schwimmt mit

»Und Gott sprach zu Noah:
Baue dir einen schwimmenden Kasten,
denn es soll eine Flut kommen,
und alles Lebendige, das nicht mit dir im Kasten ist,
soll untergehen.
Und es regnete und das Wasser stieg
und trug den Kasten empor
und er schwamm über der Erde.«

Kaum ein anderes Bild ist in unseren Kinderbilderbüchern mit so viel Liebe gemalt worden: das große Wasser, das Schiff, das hoch über den Bergen schwimmt, der große Regen, und vor allem: aus dem Schiff schauend, süße Spielzeugtiere, zwei süße Löwen, zwei Giraffen, zwei Pferde, zwei Schwäne, zwei Affen, zwei Enten und alles, was noch Platz hat in der bunten Szenerie.

Eine paradiesische Idylle, die wir genauso lang mit Vergnügen genießen werden, wie wir übersehen, was sich an Tod und Untergang von Menschen und Tieren unter dem Bauch des Schiffes abspielt. Sehen wir das Entsetzen und die Verzweiflung der Ertrinkenden, dann begegnet uns in der Geschichte von der großen Flut ein Thema von tödlichem Ernst.

Ich stelle mir vor, wie es in der Arche Noah zuging. Das Gedränge. Das Geflatter. Den Lärm der vielen tierischen Stimmen. Die Aufregung. Den penetranten Stallgeruch. Aber ich stelle mir noch etwas anderes vor:

Ich stelle mir vor, wie Noah, seine Frau und seine

Söhne in der zweiten oder dritten Woche ihrer Fahrt über das ungeheure Wasser eines Abends beisammensaßen, zwischen ihren Tieren, an einer Luke, durch die ein wenig Licht hereinfiel. Wie sie miteinander redeten von diesem und von jenem, was zu organisieren war, und von dem ungeheuren Vorgang, dessen Zeuge sie waren.

Ich stelle mir vor, wie einer der Söhne anfing seine Gedanken auszusprechen: »Du hast doch gesagt«, wandte er sich an seinen Vater, »die Flut sei gekommen, weil die Menschen böse waren. Weil die Bosheit auf der Erde überhand genommen habe. Du hast doch gesagt, Gott wolle durch uns eine neue Menschheit schaffen, die besser sei. Aber wo ist nun das Böse? Ist es unten, wo die Erde ist? Ist es untergegangen? Oder schwimmt es mit uns hier im Kasten?«

Und nach einer Weile, zögernd: »Ich habe durch die Luken geschaut, als der Regen kam. Als das Wasser stieg. Habt ihr das gesehen, wie die Menschen auf die Dächer stiegen und auf die Bäume und wie sie anfingen zu schwimmen, wie sie sich an Brettern festhielten? Habt ihr das gesehen, wie sie versucht haben, zu Hunderten, sich an unser Schiff zu hängen und wie sie da außen, an den Brettern, keinen Halt fanden? Wie sie mit dem Ertrinken kämpften, bis sie untergingen? Wir haben keinen einzigen hereingeholt. Wo ist nun das Böse? Schwimmt es nicht mit uns hier und wartet, bis die Erde wieder trocken ist? Wenn ich schlafe, träumt mir jede Nacht, unten am Bauch unserer Arche hätten sie sich alle angekrallt, die Ertrunkenen, die wir nicht gerettet haben. Und dann bin ich selbst das Schiff und die Toten krallen sich in mich ein und ziehen mich hinunter.«

Ich denke mir, dass das Gespräch danach einigermaßen typisch verlief. Vielleicht fand sein Vater, er solle sich nicht in Dinge einmischen, die er nicht verstehe.

Vielleicht fanden seine Brüder, wichtig sei doch einzig, dass sie gerettet seien, sie könnten sich nicht um alle kümmern, und außerdem: Wenn sie alle gerettet hätten, wäre das Schiff mit allen gesunken. Und vielleicht redete die Mutter ihm gut zu, er solle die Bilder vergessen und dankbar sein, dass er am Leben sei.

Vielleicht lief das Gespräch nicht unähnlich den unzähligen Gesprächen, die bei uns nach dem Kriege stattfanden und jetzt wieder nach der Fernsehserie Holocaust: Waren wir nicht alle froh, dass wir den Sturm überlebt hatten? Und haben wir sie gesehen, als sie untergingen: die Juden, die Kommunisten, die Zigeuner, die Pazifisten, die sich gerne in jenen dreißiger und vierziger Jahren an das Schiff der Kirche gehängt hätten, hätten sie einen Halt an ihm gefunden? Aber wir konnten ja nichts tun. Und hätten wir sie alle gerettet, wären wir mit ihnen untergegangen. Und wo ist nun das Böse? Ging es unter, als das Nazireich zusammenbrach? War es tot, als man die Kriegsverbrecher henkte? Oder war es mitgeschwommen mit uns, den Geretteten?

Und was ist nun mit uns, die so gerne die Hoffnung gewinnen möchten auf eine bessere Zukunft? Gibt es Hoffnung, wenn das Böse am Ende immer das zähere Leben hat?

Ein Boot im Sturm des Bösen

Es gibt noch eine andere Geschichte in der Bibel von einem Schiff und von einem drohenden Untergang. Und ich glaube, dass uns ohne diese zweite Geschichte die erste von Noah und der Flut nichts Helfendes und nichts Tröstendes mitzugeben hat.

»An einem Abend sprach Jesus zu seinen Jüngern:
Lasst uns ans andere Ufer fahren!
Und sie verließen das Volk
und fuhren über den See.
Und plötzlich brach ein Sturm los
und die Wellen schlugen ins Schiff,
sodass das Schiff anfing vollzulaufen.
Und Jesus schlief am Heck des Schiffes
auf einem Kissen.
Und sie weckten ihn und riefen ihn an:
Meister, kümmert es dich nicht,
dass wir untergehen?
Da erwachte er und bedrohte den Wind
und sprach zum Meer:
Schweig! Kein Laut!
Da legte sich der Wind
und es trat eine große Stille ein.« (Markus 4, 35–39)

Der Sturm, in den die Jünger auf dem See Genezareth
geraten, schließt in der Bildersprache der biblischen Erzählung an den Sturm an, der die Flut über die Erde
brachte. Christus aber, so deutet der Zusammenhang
an, sichert die kleine Gruppe im Schiff vor dem Untergang. So weit, so gleich.

Aber was geschah denn in der dünnen Holzschale
zwischen dem Wasser und dem Sturm?

Es ist einige Monate her, da lag die böse Vergangenheit der Deutschen im Dritten Reich Hitlers so still vor
unseren Augen wie der See Genezareth bei Sonnen-
schein. Alles Dunkle und Gefährliche war tief ins Wasser hinab verdrängt, unbewußt den Menschen, und über
alles Höllische und Teuflische breitete sich die helle,
spiegelnde Wasserfläche eines gemeinsamen guten Ge-
wissens. Was war denn damals schon geschehen? Kaum,
dass man sich erinnerte. Ach ja: Ein paar Juden hat Hit-

ler umgebracht, aber das ist lange her. Man war mit sich im Reinen und lebte in einer Gegenwart, in der doch im Grunde alles soweit in Ordnung war und in der das Böse immer nur eine Rolle am Rande spielte. Gewiss, es gab Bankräuber, Betrüger oder Terroristen. Aber im Ganzen war man doch Teil einer friedliebenden, geordneten Gesellschaft und verdiente so sein Geld vor sich hin.

Da erschien auf dem Fernsehschirm das Filmwerk »Holocaust« und überfiel die friedliche westdeutsche Familienszene mit seinen ungeheuerlichen Bildern. Wie ein Sturm, ein typischer Fallwind, vom Golan hinunter auf den See Genezareth stürzt, so schlug die plötzliche Erkenntnis, das plötzliche Bewusstsein einer verdrängten Schuld in die Gemütsruhe des Frühjahrs 1979. Und der Sturm riss die Geister der Vergangenheit hoch, wühlte sie heraus aus dem Abgrund, in den die Verbrechen einer lange vergangenen Zeit abgesunken waren, und der Anblick der Gequälten und Entehrten und Gemordeten, das ganze Heer der Opfer klatschte ins Schiff. Und das Schiff lief voll mit Entsetzen und mit Angst.

Und es wurde für einen Augenblick klar, wie dünn die Holzschale war, die uns über dem stillen Wasser getragen hatte. Was aber tun wir mit dem Bösen, wenn für einen Augenblick seine Wahrheit sichtbar wird, seine ungebrochene Macht? Ausweichen? Das ist nicht aussichtsreich, solange der Sturm tobt.

Wer die letzten fünfzig Jahre mit wachen Sinnen erlebt hat, für den ist die Ahnung durchaus nicht abwegig, die eigentliche Gefahr sei verborgen in der äußeren Gefahr und sie sei hintergründiger Art. Es bringt nichts, mit dem oberflächlichen Achselzucken des modernen Menschen den Teufel oder den Satan oder das Böse, wie immer, für einen Unsinn von früher zu halten. Wer hat denn seine Hand im Spiel? Wissen wir das?

Ist es irgendein blinder Mechanismus, den man dann

als Natur bezeichnet oder als Zufall? Ist es ein intelligenter böser Wille? Oder Gott? Kann man sich gegen die Dummheit des Zufalls wehren? Kann man sich gegen ein feindliches Schicksal stemmen? Kann man sich einer göttlichen Hand anvertrauen, wenn man doch eigentlich in der Hand des Bösen ist? Will man aber als aufgeklärter Mensch von alledem nichts wissen, dann bleibt keine Wahl, als das Böse in den Menschen zu suchen. Dann ist der Mensch selbst der Abgrund, vor dem ihm am Ende graut.

Christus im Schiff

Als die Jünger in ihrem Entsetzen Jesus aufwecken und rufen: Herr, merkst du nichts? Wir gehen unter!, da findet Jesus diesen Hilferuf überflüssig und rügt ihn als ein Zeichen der Hilflosigkeit. Darum geht es ja auch gar nicht, ob der Kahn voll läuft. Es geht darum, ob den Jüngern mitten im Heulen der Elemente eine Einsicht zuteil wird.

Was bedeutet es denn, dass in dem Augenblick, in dem das Bewusstsein, dem Bösen ausgeliefert zu sein, die Wellen ins Schiff jagt, Christus im Boot ist, schlafend und doch wissend, was geschieht? Wenn er dort anwesend ist, wo im Schuldbewusstsein des Menschen die erschreckende Vergangenheit als physische Gefahr, als Gefahr für Leib und Leben aufsteht? Wenn er dort ist, wo der verantwortliche Mensch in seiner dünnen Nussschale sich mit Mühe festhält? Bedeutet es nicht, dass er dort ist, wo der Mensch, dem Bösen ausgeliefert, dennoch, aus aller Angst aufschreiend, Gott antworten kann?

Aus der Verstrickung in die aufgepeitschte Vergangenheit erlöst ihn nicht irgendeine gute Zurede: Es ist nicht so schlimm. Du kannst nichts dafür. Du warst nicht dabei. Ihn erlöst nur ein neuer Akt der Schöpfung. So steht Jesus auf und setzt den Wellen und dem Sturm sein Gebot entgegen: Still! Kein Laut mehr! Und der Wind und das Meer trennen sich wie im Uranfang. Die Welt wurde durch Scheidung der ineinander verschlungenen Mächte. Der Mensch richtet sich auf, befreit von der Gewalt seiner Vergangenheit. Er hat wieder ein Schiff unter sich. Aber im Grunde trägt ihn nicht das Schiff. Was wirklich trägt, ist das schöpferische Wort, das den neuen Anfang setzt. Und nicht das Wasser trägt, sondern das Wort, das den Abgrund in seine Schranken weist.

Was soll mit dem Bösen geschehen? Korrekturen an der Vergangenheit bringen nichts. Gute Vorsätze sind billig und nutzlos. Was in der Arche des Noah geschehen sollte, dass nämlich das Böse unten blieb und der gerechte Mensch unversehrt in eine gesicherte Zukunft gebracht wurde, das erwies sich als undurchführbar. Als Noah aufs Land stieg, aus seinem Schiff heraus, da stieg auch das Böse lächelnd und siegreich die Gangway hinunter.

Neues entsteht durch neue Schöpfung. Solange wir Christus nicht kennen, sagen wir, wir hätten ein gutes Gewissen oder wir hätten ein schlechtes. Wenn uns Christus begegnet, ändert sich das Bild. Unser Gewissen ist nicht schlecht, sondern versehrt. Verletzt. Verwundet. Und wenn Christus uns die Vergebung unserer Schuld zuspricht, haben wir nicht ein gutes, sondern ein geheiltes, ein getröstetes Gewissen. Im versehrten Gewissen ist die Sehnsucht nach Heilung wach. Und im getrösteten Gewissen ist das Bewusstsein der Gefahr gegenwärtig.

Wer hat die Macht?

Aber es lag noch mehr in jener Erfahrung der Jünger im Schiff und im Sturm. Das Wesentliche an jener Erfahrung auf dem Meer war die Überraschung, dass im Bösen ja gar nicht die letzte Macht liegt. Das hatten sie vorher auch schon gewusst. Aber was hilft es, etwas zu wissen, wenn es sich nicht irgendwann gegen alle Erwartung als wirklich, als wahr erweist? Sie erkannten, wie da die Gewalt der Elemente einer verborgenen Macht Raum gab, und verstanden: Ach ja, hier ist ja Christus! Und dieser Christus steht stellvertretend für den Vater. Wir sind in seiner Hand, ob wir leben oder sterben.

Für die Jünger lag in dieser Erfahrung eine Art elementarer Überraschung: Das ist ja alles ganz anders! Das haben wir gar nicht gewusst! Es ist die Überraschung, die den trifft, der auch bisher schon irgendwie an Gott geglaubt hat – und dann bemerkt, dass Gott tatsächlich *ist*. Die Überraschung, die etwa auch den treffen kann, der immer schon von der Liebe geredet hat – und dann plötzlich liebt. Sie kannten auch vorher schon alle die starken und schönen Worte, die in der Bibel immer wiederkehren:

»Gott, unser Heil!
Du zwingst das Brausen der Meere nieder,
das Brausen seiner Wellen und das Toben der Völker!«

wie etwa der 65. Psalm achthundert Jahre vor Christus singt – oder:

»So spricht Gott, der Herr,
der die Himmel geschaffen und die Erde gegründet hat:
Fürchte dich nicht, ich befreie dich.
Ich rufe dich bei deinem Namen, du bist mein.

Wenn du durch Wasser gehst, bin ich bei dir,
wenn du Ströme durchschreitest,
werden sie dich nicht überfluten.« (Jesaja 43, 1–2)

Es war ihnen vertraut, dass das Wasser der Urzeit als
Bild diente für alle wirklich elementare Bedrohung des
menschlichen Daseins. Und sie wussten auch, dass die
Bibel, wenn sie die Zuverlässigkeit Gottes schildern
will, davon spricht, Gott bewahre die Seinen mitten im
Toben der Wasser. Es war ihnen vertraut, dass Gott den
Sturm nicht einfach verhindert, sondern den Menschen
im Sturm die Gelassenheit des Vertrauens gewährt, die
Heiterkeit, von der Johann Franck spricht, oder besser,
in der er dichtet:

»Tobe, Welt, und springe;
ich steh hier und singe
in gar sichrer Ruh ...«

Wenn wir uns aber von der Angst in uns selbst und in
den andern nicht bannen lassen und mit offenen Augen
und mit klarem Kopf in die Zukunft gehen und ohne unsere Schuld verdrängen oder vergessen zu müssen, wird
das nicht bedeuten, dass wir nachdenken können, wo
andere der Hysterie verfallen? Bedeutet es nicht, dass
wir noch ein wenig Güte haben, wo andere gezwungen
sind zu hassen? Bedeutet es nicht, dass wir fähig werden
gegen unser augenblickliches Interesse das zu tun, was
unsere Zukunft und die unserer Kinder von uns verlangt?

Es könnte durchaus sein, dass wir zu unserer eigenen
Überraschung erleben, dass das eintritt, was wir da singen: Dass nämlich das Meer still wird und der Sturm sich
legt und in der bedrohlichen Wassertiefe sich der Himmel Gottes spiegelt.

Das Boot verlassen

Und noch eine Geschichte hat das Neue Testament in der Linie der Geschichte von Noah und der Flut und der Geschichte vom Seesturm.

»Eines Abends entließ Jesus
am Ostufer des Sees Genezareth seine Jünger
und sie fuhren mit dem Schiff nach Hause.
Er selbst aber ging auf einen Berg um zu beten.
In der Nacht war das Schiff mitten auf dem See,
die Wellen gingen gefährlich hoch,
und ein Sturm stand ihnen entgegen.

Gegen Morgen aber kam Jesus zu ihnen,
über den Wellen gehend.
Als die Jünger ihn sahen, erschraken sie
und schrien: Ein Gespenst!
Und Jesus redete sie an und sprach:
Habt keine Angst. Ich bin's. Fürchtet euch nicht.

Da antwortete ihm Petrus:
Herr, wenn du es bist, dann befiehl mir,
ich solle zu dir auf das Wasser kommen!
Jesus sprach: Komm!
Und Petrus stieg über die Bordwand
und setzte seinen Fuß aufs Wasser
und ging auf Jesus zu.

Aber er sah auf den Sturm und die Wellen,
und die Angst ergriff ihn
und er fing an zu sinken und schrie:
Herr,
halte mich fest!
Und Jesus streckte die Hand aus,

fasste ihn und fragte: Ist dein Glaube so schwach?
Warum hast du gezweifelt?

Und als sie wieder ins Schiff stiegen,
legte sich der Wind.«

Es waren vor allem diese beiden Bilder – das Bild von
der Arche, die auf der Flut schwimmt, und das Bild von
dem Fischerboot, das im Frieden nach Hause fährt –, die
zu dem alten Gleichnis geführt haben, die Kirche sei im
Grunde so etwas wie ein Schiff. Wer von der Kirche sich
einsammeln lasse, werde die Flut und den Untergang
der Welt überstehen, wenn alles andere an sein Ende gekommen sei.

Die Gefahr ist, wie bei allen diesen Gleichnissen, dass
sie falsch werden. Dass sich ein falsches Bild etwa von
der Kirche einprägt. Es könnte doch sein, dass der Kirche noch ein ganz anderer Auftrag gegeben wäre als der,
sich selbst und ihre Fahrgäste über Untergang und Gericht zu retten. Lassen wir das Bild von der Arche Noah
unkorrigiert für die Kirche gelten, dann ergibt sich die
Vorstellung von einer Kirche der Geretteten, um die her
der Sturm ist, um die her die Menschen zugrunde gehen
und, sagt man es böse, in der die Geretteten froh sind,
dass nicht sie die Verlorenen sind. Der Heilsegoismus,
der die Geschichte auch der evangelischen Kirche
durchzieht (»Hauptsache gerettet«), könnte aus dem
Bild von der Arche der Wenigen über dem Todeskampf
der Vielen immer wieder seine Kraft ziehen.

Aber bitte: Kein Gleichnis des Alten Testaments
kann für die Kirche gelten, es sei denn, es habe sich an
Jesus selbst bewährt. Wenn das Alte Testament sagt:
Gott sprach zu Noah: Baue dir ein Schiff, dass du dich
rettest, dann haben wir zu fragen, was denn zu diesem
Thema Jesus gesagt hat. Was denn Jesus mit den Bildern

vom Wasser und vom Schiff, von Sturm und Tod und Rettung ausdrückt.

Es könnte doch sein, dass wir das Bild von dem rettenden Schiff, das auf dem Wasser der Katastrophe heil dahinschwimmt, umzeichnen müssen.

Was wollte Petrus, als er über die Bordwand stieg? Als er sah, dass das »Gespenst« Christus war, der über dem Wasser zu ihm kam, da muss seine Angst in eine große Euphorie umgeschlagen sein. Da muss er die Macht gespürt haben, die hier wirkte, mächtiger als alle Elemente. Und er wollte nichts, als aus der Welt der kleinen Mächte in den Bereich jener großen, einzigen Macht übergehen, die wir »Gott« nennen. Und er sagte sich: Wenn Gott will, dass das Wasser mich trägt, dann wird mich das Wasser tragen. Er setzte alles auf die eine Erkenntnis: Was letztlich trägt, das ist weder die Erde noch das Wasser, das ist die Kraft des Geistes, der in Christus lebt und wirkt. Ich will das wissen. Ich will das handgreiflich spüren. Und so ruft Jesus: Komm! Und Petrus lässt sich auf das Wasser hinunter, den Blick auf die Augen Jesu geheftet, und er spürt, wie das Wasser trägt. Er glaubt. Und sein Glaube nimmt die Kraft auf, die von Jesus ausgeht. Er steht sozusagen in einem geistigen Kraftfeld, in dem Kraftfeld des schaffenden Gottes, aus dessen Hand die Elemente sind und die Gesetze, die in dieser Welt gelten.

Aber das Wasser trägt nur, solange er den Blick auf Jesus gerichtet hält. Mit einem Mal löst er die Augenverbindung und sieht auf die Wellen, hört den Sturm, das Vertrauen sinkt, das Kraftfeld zergeht, und er spürt, wie das Wasser ihn verschlingt. Der Ruf bleibt ihm gerade noch: Herr, halte mich fest! Und Jesus ergreift seine Hand.

Die Schiffe bleiben zurück

Man mag an dieser Geschichte lange herumdeuten, ob sie so geschehen ist, wie sie erzählt wird, ob sie ein Gleichnis sein soll für den Sinn und die Kraft des Glaubens, ob sie ein Symbol sein soll für einen Sachverhalt, der sich in der Seele der Beteiligten abspielte, oder wie immer man sie verstehen will.

Wie immer man sie aber zu deuten sucht, sie ist die entscheidende Geschichte, wenn es darum geht zu klären, auf welche Weise die Rettung eines Glaubenden geschehen soll.

Ich höre Jesus sagen: Ihr habt gehört, dass zu Noah gesagt ist: Bau dir einen Kasten und steige hinein, damit du dich rettest. Ich aber sage euch: Steigt über die Bordwand! Tretet aufs Wasser! Verlasst das Schiff, vertraut euch dem Weg über das Wasser an! Es wird ein Weg auf mich zu sein.

Ich höre ihn sagen: Ihr habt gehört, dass die Gemeinschaft der Geretteten in einem Schiff über die Flut fuhr. Ich aber sage euch: Eure Zukunft ist nicht ein Schiff. Die Schiffe bleiben zurück am Ufer und euer Weg geht weiter. Und wenn die Kirche ein Schiff sein soll – die Schiffe bleiben zurück. Wenn die ganze Welt als ein Schiff gedacht ist – die Schiffe bleiben zurück, wenn die neue Welt entsteht.

Wenn ihr wollt: Verlasst die Schiffe! Tretet auf das Wasser! Kommt auf mich zu, frei auf dem Wasser gehend! Haltet den Blick auf mich gerichtet und das Wasser wird tragen!

Was halten wir für wirklich?

Verborgen hinter dieser Geschichte ist die Frage an uns gestellt, was wir eigentlich für wirklich halten wollen. So wirklich, dass wir uns ihm für Tod und Leben, für Zeit und Ewigkeit anvertrauen wollen.

Und die Geschichte sagt: In dem Christus, der, getragen vom Geist Gottes, in dieser Welt ist, kommt ein Punkt zum Vorschein, der nicht von dieser Welt ist. Hier wird ein Punkt sichtbar, auf den man treten kann. Hier ist ein Boden, der trägt, hier ist eine Kraft, auf die man sich verlassen, eine Zuverlässigkeit, auf die man sich stützen kann.

Glauben heißt: Diese Wirklichkeit ins Auge fassen. Sich an ihr festmachen. Sie gelten lassen gegen allen Augenschein.

Glauben heißt: Prüfen, ob das, was wir für Wirklichkeit halten, tatsächlich so wirklich ist, wie wir meinen. Denn unser Gefühl für Wirklichkeiten ist ja voller Täuschungen

Ein Stein ist für uns wirklicher als ein Gefühl. Und wahrscheinlich ist er nicht wirklicher, sondern nur anders wirklich. Ein Sturm ist für uns wirklicher als ein Wort und vielleicht ist das Wort wirklicher als der Sturm. Militärische Macht ist für uns wirklicher als duldende Güte. Und vielleicht ist die Güte wirklicher als die Macht. Wir müssen wohl, wenn wir zur Gewissheit kommen wollen, unsere Maßstäbe für das, was wirklich ist, am Urmaß, an Gott selbst, messen.

Wie wollen wir Gott am Ende als wirklicher erfahren als die Welt der massiven Dinge, die ja nur sein Geschöpf ist und ganz gewiss weniger wirklich als er?

Geistliche Übung, wie wir sie täglich vollziehen sollen, die in Betrachtung, Gebet, Selbstprüfung und Weltbeobachtung bestehen kann, soll ja eben dies bewirken, wie das Lied sagt: Dass uns werde klein das Kleine und das Große groß erscheine. Dass also unsere Maßstäbe für groß und klein, für mächtig und ohnmächtig, für wirklich und unwirklich sich ändern – so, wie es der Wahrheit dieser Welt und der Wahrheit Gottes entspricht.

Der neue Mensch, von dem das Evangelium spricht, ist wahrscheinlich der, der so geändert ist, dass für ihn das Wirkliche wirklich wird und dass er sich gegen alles, was in dieser Welt der Brauch ist, auf dieses eine Wirkliche verlässt.

Es gibt keinen anderen Weg, um von der Angst vor dem Bösen, das uns hinunterziehen will, frei zu werden, als auf Jesu Wort hin den Fuß aufs Wasser zu setzen, den Untergang zu riskieren und zu erfahren, dass das Wasser trägt – oder wie Hilde Domin einmal, noch gewagter, sagt: »Ich setzte den Fuß in die Luft – und sie trug . . .«

Rettendes Wagnis

Auf dem Wasser gehen heißt die Auferstehung vorwegnehmen. Auferstehung ist, in den Bildern gesprochen, die wir in dieser Welt gebrauchen können, sozusagen ein gelassenes Gehen auf dem Element des Todes.

Und wenn jemand verstehen will, wozu wir unsere Kinder taufen lassen: Die Taufe ist das Symbol für den Untergang des Menschen in der Flut des Todes, für das Menschenschicksal, wie es in der Geschichte von der großen Flut gegolten hat, wie es in der Gestalt des im Wasser versinkenden Petrus sichtbar wird und wie es jeder von uns in Gedanken und Bildern mühelos nachvollziehen kann.

Wir werden, sagt Paulus, in den Tod Christi getaucht, wenn wir uns taufen lassen. Und wie Christus aus dem

Tod auferstanden ist, so werden wir aus dem Wasser des Todes gehoben zum Zeichen der Neuschöpfung, zum Zeichen der Auferstehung, zum Zeichen der Berufung in jene andere Wirklichkeit, die wir das Reich nennen. Man »hebt« ein Kind »aus der Taufe«, sagte man früher. Heute lässt man ihm ein paar Tropfen über die Stirn laufen. Ich gäbe viel darum, wenn das volle Symbol des Untertauchens und des Wiederheraushebens in unserer Kirche wieder vollzogen würde.

Paulus greift einmal das Bild auf von jenem Volk, das durch das Meer zieht und am anderen Ufer ans Land geht um die Freiheit zu finden, und sagt: Unsere Väter sind im Meer getauft worden. Das heißt: Sie sind durch den Tod ins Leben gezogen.

Christus selbst vergleicht sich nicht mit Noah, der an Bord eines festen Schiffes den Untergang im Meer vermeiden konnte. Er sagt: Wie Jona aus dem Schiff geworfen wurde und von der Meerestiefe und vom Fisch, das heißt vom Abgrund und Tod, verschlungen wurde, so muss ich in den Tod absteigen. Und so muss ich mich taufen lassen mit einer Taufe, vor der mir graut. Aber ich werde auferstehen.

Seit Christus gelten andere Bilder für die Rettung des Menschen. Seit Christus ist klar, dass alle endgültige Rettung eine Rettung durch den Tod hindurch ist. Genauer: eine Rettung in der Nachfolge des Christus, der seinen Weg durch den Tod ging, hinunter in die Flut des Todes.

Niemand hat uns verheißen, wir könnten dem Bösen entnommen werden, solange diese Erde steht, wir könnten den Rätseln und dem Leiden, dem Elend und dem Jammer und am Ende dem Tod entgehen. Wenn wir aber Jesus fragen, wie wir angesichts des Bösen in der Welt und in uns selbst festen Grund unter die Füße bekommen könnten, dann hören wir:

Warte nicht, bis die Flut fällt und der Regen endet. Fahre im offenen Boot über das Wasser. Suche nach den Menschen, die dort treiben, die die Flut verschlungen hat, wirf das Netz aus, ich will dich zum Menschenfischer machen. Zieh die Menschen aus dem Element des Todes, hilf ihnen ans Ufer, hilf ihnen das Leben wieder zu gewinnen.

Und wenn du Angst hast, halte den Blick auf mich geheftet. Vertraue mir mehr, als du deinem Boot vertraust. Und wenn ich dich rufe, dann wage den Schritt über die Bordwand und tritt auf das Wasser. Wenn du dich dem Wasser anvertraust, dann »will ich bei dir sein, dass dich die Fluten nicht verschlingen«.

Und wenn du ans Ufer trittst mit all denen, die du gefunden und dem Leben wiedergegeben hast, dann will ich am Ufer stehen. Am Ufer der Ewigkeit. An jenem festen, verlässlichen Ufer, das ihr alle finden werdet, wenn das Wasser des Todes euch freigegeben haben wird.

Wie anders wollen wir jene Geschichte verstehen, die in der Osterzeit spielt und die erzählt, wie die Jünger, als sie mit ihrem Boot nach der nächtlichen Fahrt über den See morgens ans Ufer kommen, Jesus finden, der sie empfängt?

Mehr Mut in der Kirche!

Wenn das aber alles so gelten soll, wer oder was ist dann die Kirche?

Ist sie eine Arche, in die eine ertrinkende Menschheit sich flüchtet, weil man ihr verspricht, hier werden alle ihre Probleme gelöst?

Ist sie eine Arche, in der es zwar warm ist wie in einem Stall, aber der Gestank einem den Atem nimmt?

Ist sie die Arche, in der man froh ist, wenn die Wellen nicht gar so hoch gehen und der Regen außen abläuft?

Die Arche, deren einzige Zukunft die ist, dass das Wasser fällt und der Kasten irgendwo auf einem Berg aufsitzt?

Ich muss gestehen, dass ich mir eine dynamischere Kirche vorstellen möchte. Und ich gestehe auch, dass mir fünfzig Jahre der Mitwirkung in diesem braven, mittelmäßigen und immer ein bisschen langweiligen Laden »Kirche« noch immer nicht die Zuversicht haben nehmen können, mit der Kirche sei eine vitalere Sache gemeint als das, was wir als württembergische oder bayerische oder auch Berliner evangelische Kirche kennen.

Die Gefahr der Kirche ist immer wieder die Sehnsucht nach der Geborgenheit in einem warmen, schwimmenden Stall. Ihre Gefahr ist die Erinnerung an die schönen Zeiten, die früher einmal gewesen sind, die Zeiten auch, wo angeblich der Kirchentag souverän als einziger noch übriger Ozeandampfer nach der Katastrophe des Krieges über die Flut fuhr und die Frommen in ihm geborgen waren, wie es ihnen zustand.

Die Gefahr der Kirche ist immer wieder, dass sie sich als Schiff versteht. Sie ist bestenfalls das offene Boot. Und im Boot sind die Menschen, die mit den Augen die Wellen absuchen, ob da Menschen am Ertrinken sind, im Boot sind Menschen, die das Boot verlassen, um die anderen zu fassen und an Bord zu holen. Die mit den Schwimmenden schwimmen, bis sie gemeinsam mit ihnen das Boot besteigen oder das Ufer erreichen. Die Gemeinschaft der Menschenfischer, das ist die Kirche.

Wo aber als fester, verlässlicher Kasten für das Volk des Alten Testaments die Arche stand, steht für uns Christus über den Wassern. Und er sagt: Komm! Nicht ins Schiff, sondern zu mir auf den Wellen!

Ich möchte uns allen ein bisschen Mut wünschen. Ein

bisschen mehr Zutrauen zu der Aufgabe, die uns Christus gibt. Ein bisschen mehr Zutrauen zu den Kräften, die Christus uns gegeben hat.

Denn der Geist, um den wir bitten, wenn wir an Pfingsten rufen: Komm, Schöpfer Geist, das ist der Geist, der in der Schöpfung über den Wassern war. Der, als Jesus getauft wurde im Jordan, vom Himmel herab kam; der, als die Kirche entstand, wie ein Sturm durchs Haus fuhr, schaffend, begeisternd, rettend.

Es ist unnötig, dass wir für das Schiff der Kirche fürchten. Fürchten wir denn, es werde dem Sturm nicht gewachsen sein, der heraufzieht? Das Boot der Kirche überlebte bisher auf den Meeren der Geschichte nicht deshalb, weil es so groß und stark und womöglich schön und schnell und wohl gar noch – das wäre das Überflüssigste von allem – modern war, sondern weil es bewahrt war mitten im Sturm, weil es mitten im Sturm einen Auftrag hatte.

Fürchten wir, was schon viel mehr Berechtigung hätte, um die Menschlichkeit des Menschen auf dieser Erde? Unlängst sagte Ionescu: »Der Wind weht den Wandschirm hinweg, den wir zwischen uns und uns selbst gestellt haben. Die Dämonen, die wir gebannt glaubten, erheben sich in uns selbst und starren uns an.« Die »Dämonen« – sollte das heißen: das in uns, das unmenschlich ist?

Das Einzige, das die Angst nehmen kann, ist die Begegnung mit dem Christus, der über die Wellen geht und sagt: Fürchtet euch nicht. Ich bin's. Nichts hilft, als dass uns die Augen aufgehen für ihn selbst, der uns auf den Wellen begegnet.

3

Fünf Brote
und zwei Fische

Unsere Hoffnung
auf das Ende des Elends

Wachsamkeit gegenüber dem Elend

Es ist einige Jahre her, da waren wir wacher. Da fiel es uns wie Schuppen von den Augen und wir begannen zu sehen, was unserem wohlstandsverwöhnten Auge bis da verborgen geblieben war: dass es nämlich den großen Hunger gibt in der Welt, dass es das Massenelend Hunderter von Millionen auf dieser Erde gibt, und wir begannen zu fragen: Warum prassen die Reichen und verkommen die Armen? Warum wächst die Macht der wirtschaftlich Starken und nimmt die Chance der Schwachen mitzukommen immer mehr ab? Wer eigentlich steuert dem leiblichen und seelischen Elend der Erniedrigten und Beleidigten? Unter den Menschen offenbar niemand. Und Gott? Warum greift Gott nicht ein? Erstaunlich ist weder das eine, dass die Jungen aufbegehrten, noch das andere, dass sich heute die Resignation wie ein Schimmelpilz ausbreitet. Was aber kann geschehen?

In den Jahren, in denen – es sind fast zwei Jahrtausende seitdem vergangen – in den Ländern des Mittelmeeres und des Nahen Ostens sich nach einem Jahrhundert unablässiger Kriege und Eroberungen das Römische Reich stabilisierte, als die Menschen der damaligen Welt sich müde und resigniert dem ungeheuren Druck dieser Weltmacht fügten, bereit, dem Elend, der Unterdrückung und der Gewalt den schönen Namen »pax Romana« zu geben: »Römischer Friede«, da trat auf den Hügeln eines abgelegenen Landstrichs ein einsamer Mann auf, jener Wanderprediger von Nazareth, von dem die abendländische Geschichte seitdem bestimmt ist.

Auf den Hügeln von Galiläa und in den bescheidenen Dörfern dort ging er umher, Geschichten erzählend: Geschichten, in denen er unablässig einen und immer wieder den gleichen Gedanken umspielt. Er sagt: Bleibt nicht hängen an dem, was ihr seht! Starrt nicht auf die gegenwärtigen Verhältnisse, schaut in die Zukunft! Die Zukunft ist einem Reich ähnlich, das nach ganz anderen Gesetzen aufgebaut ist als alle noch so mächtigen Reiche dieser Welt. Es wird eine große Veränderung der Dinge und der Verhältnisse bringen: das Reich Gottes.

Er wandert durch seine Heimat rund um den See Tiberias und öffnet seinen Zuhörern die Augen für eine ganz andere Wirklichkeit als die, die sie vor sich und um sich zu haben meinen. Er ruft sie aus der Resignation, aus ihren Sorgen und ihrer Armut. Er sieht ihre Verlassenheit, er leidet unter ihren Krankheiten, er ist arm mit ihnen, er ist ein Opfer der Tyrannei wie sie, er lebt wie sie ohne Recht und ohne Schutz. Er wandert von Dorf zu Dorf und hat keinen Platz, wie er sagt, an den er sein Haupt legen könnte. Er weiß nicht, wovon er morgen leben und wer morgen noch zu ihm stehen wird.

Aber »morgen« – das ist für ihn nicht der folgende Tag, sondern die Zukunft überhaupt. Und die Zukunft setzt dort ein, wo die Menschen im Zutrauen zu Gott, dem Vater, versuchen, etwas Gerechtes zu tun. Das Reich aber, das kommen wird, ist einem Festmahl zu vergleichen, einer Hochzeit, einem gastlich geöffneten Haus.

Aber wie kommt das Reich? Wie bahnt es sich an? Wenn er das zeigen will, dann malt er Bilder von Saat und Ernte, von Wachstum und Reife auf Äckern und Feldern, an Bäumen und in Gärten. Das Reich Gottes ist wie ein Korn, wie ein Same, und es wird groß sein wie ein Baum, ein wohlbestelltes, fruchttragendes Feld.

Er spricht mit den Leuten und diskutiert mit den religiösen Führern, er heilt Kranke und wo immer in irgendeinem Dorf eine Familie ihn in ihre Hütte einlädt, da wird er wie selbstverständlich selbst zum eigentlichen Hausherrn, und die Menschen wissen sich von ihm eingeladen, an seinem Tisch Platz zu nehmen. Und zwar alle. Diejenigen, mit denen ein anständiger Mensch gerne zu Tische sitzt, und diejenigen, mit denen er sich nicht einlässt, und die improvisierte Gemeinschaft der Verlassenen und Armseligen und Ausgestoßenen wird zu einem Bild der Hoffnung auf ein neu entstehendes brüderliches Gottesvolk. Sie dürfen sein, wer sie sind. Sie dürfen sich zeigen mit allem, was in ihnen ist. Sie dürfen ein Fest feiern, obgleich sie eigentlich zu grauer Bescheidenheit verpflichtet sind. Sie dürfen sich aufrichten und jemand sein, obgleich ihnen eigentlich das Schicksal von Niemanden auferlegt ist. Sie wissen sich angenommen und nehmen einen Auftrag, der ihrem Leben Sinn gibt, aus der Hand des merkwürdigen Mannes. Hoffnung erhebt sich aus der staubigen, erbärmlichen Szene, Zuversicht aus den Lehmhütten und den miserablen Verhältnissen.

Und sie empfinden, dass hier einer ihre Mühsal versteht, ihre unablässige Frage: Was sollen wir denn essen? Wovon sollen wir denn leben? Was geben wir denn unseren Kindern? aufgreift und eine Antwort gibt: eine Antwort, die das Brot, das tägliche, ebenso umfaßt wie jenes unsichtbare Brot, von dem der Mensch in seiner Seele lebt. Eine Antwort, die die Gegenwart ebenso betrifft wie die Zukunft, nach der die Menschen sich letzten Endes sehnen.

Ein Ereignis an der Grenze

Und manchmal geschieht etwas, das eine ferne Zukunft vorwegnimmt, es geschieht etwas, durch das das Brot, das die Leute am Tisch in der Hand halten, zu einem Zeichen jenes Reiches Gottes wird, das ihnen Jesus zeigen will. Wir lesen im Evangelium des Johannes:

»Eines Tages fuhr Jesus im Schiff
über das Galiläische Meer, den See Genezareth,
hinüber ans östliche Ufer, an den Fuß des Golan.
Eine große Menschenmenge strömte ihm nach,
denn die Leute hatten erlebt,
wie er ihre Kranken geheilt hatte.
Drüben stieg Jesus mit seinen Begleitern
auf das Gebirge hinauf.
Es war im Frühjahr, kurz vor dem Passah.

Als er nun die vielen Menschen sah,
die ihm zuströmten, wandte er sich an Philippus:
Woher nehmen wir so viel Brot,
dass sie alle genug zu essen haben?

Philippus überschlug die Menge:
Brot für zweihundert Mark ist nicht genug,
auch wenn jeder nur wenig bekommt.
Andreas fügte hinzu: Es ist ein Junge hier,
der hat fünf Gerstenbrote und zwei Fische bei sich.
Aber was ist das unter so viele?

Da befahl Jesus: Die Leute sollen sich lagern!
Es war aber an der Stelle ein schöner,
mit Gras bewachsener Platz.
Dort lagerten sie sich:
fünftausend Männer, dazu Frauen und Kinder.

Und Jesus nahm die Brote, sprach das Dankgebet
und verteilte sie an die große Tischgemeinschaft.
Mit den Fischen tat er dasselbe
und gab ihnen davon, soviel sie wollten.

Als sie satt waren, wandte er sich an seine Helfer:
Sammelt die übrigen Brocken,
damit nichts umkommt.
Da sammelten sie
und füllten zwölf Körbe mit den Brocken,
die die Essenden von den fünf Gerstenbroten
übrig gelassen hatten.

Als nun die Leute begriffen,
was da geschehen war, sagten sie:
Das ist gewiss der große Gottesbote,
der in die Welt kommen soll!
Da sah Jesus, dass sie kamen
und sich seiner bemächtigen wollten
um ihn zum König Israels zu machen,
ging unbemerkt weg
und stieg noch höher ins Gebirge hinauf.«

Wir können über eine solche Geschichte natürlich bis
zum Umfallen diskutieren. Wir brauchen nur an dem
eingegrenzten Blickwinkel zu leiden, mit dem der moderne Mensch die Wirklichkeit betrachtet, dann wird es
uns leicht gelingen, an allem Wunderbaren vorbeizuse-
hen: »Das ist doch eine Legende!« – »Das ist doch ein
Märchen.« Oder: »Das war Suggestion.« – »Das war Be-
trug.« – »Das hat sich sicher ganz anders abgespielt.« Solange uns die Wirklichkeit das ist, was wir messen, zählen und wägen können, was uns nützlich ist, was wir
greifen können und begreifen, so lange werden wir wei-
terhin für ganze Bereiche der Wirklichkeit blind und

taub sein. Haben wir die ganze Dimension, auf die uns das »Wunder« verweist, erst einmal abgeschnitten oder abgedrängt, dann bleibt eine Welt übrig, für die es im Grunde keine Hoffnung geben kann. Eine Welt, die sich selbst begrenzt, um sich selbst kreist und am Ende sich um sich selbst zu Tode dreht.

Wir sind heute leicht bereit, von Wundern zu sprechen, freilich Wundern anderer Art, und dabei »Wunder«, die es nicht sind, zu verehren. Aber wir sind unfähig eine Wirklichkeit zu denken, in der das Wunder irgendeinen Sinn hätte. Wir machen Erfahrungen bis an die Grenze des Möglichen, aber wir weigern uns Erfahrungen für möglich zu halten, die die Grenze unserer Wirklichkeit transparent machen. Wir sparen ganze Bereiche der Wirklichkeit aus. Wir sprechen nicht mehr über bestimmte Dinge. Wir grenzen unsere Sprache ein, bis es am Ende kein Wort mehr gibt, das sich eignete, das zu deuten, was über unseren Horizont hinaus liegt. Am Ende gehen wir unseren schmalen, aussichtslosen Weg, rechts und links von Lebenslügen abgedeckt, wir selbst und unsere ganze Zivilisation in die bereitstehenden Sackgassen. Wie sollten wir da verstehen, was im Umkreis Jesu geschehen ist, oder gar: Wie sollten wir verstehen können, wer er war?

Was ist ein »Wunder«?

Dabei geht es gar nicht um Zauberei. Jesus nennt das, was wir ein Wunder nennen, ein »Zeichen«. Das heißt: Ihm ist nicht wichtig, wie wir den Vorgang erklären. Noch weniger, dass wir den Vorgang bewundern oder ihn, der ihn in Gang setzte, verehren. Ihm liegt auch nichts daran, ob wir heutigen Menschen sagen: »Wunder sind möglich« oder »Wunder sind unmöglich«. Ihm ist wichtig, dass ein solches Geschehen uns zu einem Hinweis wird, einem Zeichen für eine andere Wirklichkeit, als die uns vertraut ist. Er zaubert nicht das Kaninchen aus dem Zylinder. Da wäre dann das Hauptproblem: Wie macht er das? Er gibt vielmehr eine Richtung an: Schau dort! Schau dort ein wenig schärfer hin! Schau ein wenig tiefer! Schau durch die Wand der Dinge hindurch! Nimm einmal an, es gäbe mehr auf dieser Welt, als du verstehen kannst. Begreife, dass in dieser Welt etwas geschehen soll, das nicht in ihr zustande kommt. Fass den Gedanken, dass in dieser Welt etwas anfangen soll, das sein Ziel in einem größeren Zusammenhang hat als in ihr.

Was ist denn ein »Zeichen«? Ein Zeichen ist ein Hinweis. Ein Wegzeiger ist ein Zeichen. Wichtig an einem Straßenschild ist nicht das Schild, sondern die Richtung zu dem Ort, den es anzeigt. Wichtig ist nicht das Schild selbst, sondern der Hinweis, den es gibt.

Ein Zeichen ist nötig, wenn das, worauf es hinzeigt, nicht sichtbar ist. Ein Schild, auf welchem zu lesen ist »Zum Waldcafé«, ist dann nötig, wenn das Waldcafé in den Bäumen versteckt liegt. Sähe man es liegen, wäre das Schild unnötig. Das Zeichen sagt mit seiner sichtbaren Aufschrift: Wenn du dorthin gehst, wohin ich zeige, gelangst du zu dem Lokal, das du suchst. Ein Zeichen, auf dem steht: »Omnibushaltestelle«, sagt: Wenn du hier stehen bleibst und wartest, wird ein Wagen kommen, der dich mitnimmt. Wichtig ist nicht das Schild, sondern der Wagen. Da aber der Wagen noch in weiter Ferne ist und man nicht weiß, wo er halten wird, ist ein Schild nötig.

Ein Zeichen arbeitet mit verständlichen Hinweisen. Eine Schrift ist gut, wenn sie leserlich ist. Ein Symbol, wie es heute, im Zeitalter der Gastarbeiter, vielfach verwendet wird, muss anschaulich sein. Zeigt es ein Bett, so nimmt der Beschauer an, dieses Haus müsse wohl ein Hotel sein.

Wer ein Zeichen missversteht, bringt sich um den Sinn. Wer sich unter das Schild »Waldcafé« setzt in der Annahme, hier werde er bedient, wartet vergeblich. Wer auf einem Straßenschild einen Fußball sieht, sollte nicht meinen, er befinde sich im Stadion. Vielmehr zeigt ihm der Fußball die Richtung.

Ein Zeichen vermittelt zwischen einem Menschen, der etwas Verborgenes oder Entferntes sucht, und der Wirklichkeit. Es sagt: Hier ist etwas, das du noch nicht siehst. Das ist so wirklich wie alles, was du von hier aus sehen kannst, aber damit du es findest, stehe ich hier, das Zeichen. Du musst hierher kommen und in die Richtung schauen, in die ich weise. Dann wirst du dein Ziel finden.

Wenn Christus von sich selbst spricht, dann spricht er von sich selbst in demselben Sinn, in dem er von einem Zeichen spricht: Wer mich sieht, sagt er einmal, der sieht den Vater. Ich bin sichtbar. Der Vater ist unsichtbar. Ich verweise auf ihn; wenn du in die Richtung gehst, die ich dir zeige, findest du den Vater.

Und wenn ein Wunder geschieht, dann ist nicht wichtig, wie es sich abspielte, wichtig ist, dass uns etwas aufgeht.

Ein »Zeichen« ist ein Fenster, durch das Licht aus einer anderen Wirklichkeit zu uns hereinkommt. An der Stelle, an der ein »Zeichen« geschieht, ist die Wand durchscheinend geworden zwischen hier und dort, zwischen diesseits und jenseits, zwischen heute und morgen, zwischen begreiflich und unbegreiflich.

Aber das Zeichen fügt hinzu: Es gibt nicht, wie du jetzt meinen könntest, zwei Wirklichkeiten. Die Welt hat ihre Einheit und Ganzheit in Gott. Die Welt ist eins. Sie hat ihr Geheimnis und ihre Grenzenlosigkeit, nur der Kopf des Menschen ist nun einmal, um das Ganze wahrzunehmen, nicht klar genug.

Und wenn die Menschen um Jesus her ihn fragen: Wie können wir denn dazu kommen, dass wir leben? Nicht nur vegetieren, nicht nur uns schinden, nicht nur unser Leben fristen, sondern leben? Woher kommt das Brot, das leibliche, und das Brot, das unserem Leben die Dauer über den Tod hinaus gibt? Den Sinn? Den Wert? Dann zeigt ihnen Jesus ein Zeichen.

Was geschah mit dem Brot?

Da strömen die Menschen am Fuß des Golan zusammen, an dem Steilhang am Ostufer des Sees Genezareth, wo heute der Kibbuz En Gev liegt, und steigen hinauf. Sie versammeln sich oben auf einer weiten Heide um Jesus und es geschieht etwas. Sie erleben etwas. Was eigentlich erleben sie? Und was können wir davon wissen?

Manchmal redet man von dieser Geschichte als von der »wunderbaren Brotvermehrung«. Aber es steht nicht da, Jesus habe aus den fünf Broten fünftausend gemacht. Was hat sich damals abgespielt? Die Geschichte sagt es nicht und wir haben die Freiheit, uns die verschiedenen Möglichkeiten auszudenken.

Könnte es sich so abgespielt haben, dass Jesus, wie wir es heute noch beim Abendmahl halten, die Brote in sehr kleine Stücke brach, sodass jeder das Zeichen des Brots empfing und dass sie mehr an ihrem Herzen und ihrer Seele satt wurden als an ihrem Leib? Das wäre eine Möglichkeit.

Oder könnten wir uns folgendes vorstellen: Es gab da Menschen, die nichts zu essen hatten, und weil alle fürchteten, diese Veranstaltung in der Wüste könne noch Tage dauern, waren auch alle anderen in Sorge, ob ihr Proviant ausreichen werde. Und dann war da die übermächtige Gestalt dieses Jesus. Dann war da seine Rede über das Gottesreich unter den Menschen. Und da entdeckte einer, dass neben ihm einer hungrig war, und er entdeckte zugleich, dass das Butterbrot, das er in seiner Tasche hatte, eigentlich für sie beide bestimmt war. Und als die Frage laut wurde: Wer hat etwas zu essen? – da kamen die Brote aus den Taschen und gingen durch die Reihen der Sitzenden.

Und als dann Jesus eines dieser Brote nahm und es brach, als Zeichen des Danks gegen Gott, da fingen sie alle an ihr Brot zu brechen, es zu teilen mit den Hungrigen neben ihnen. Und vielleicht hatte es dann sogar mit den zwölf Körben voll übrig gebliebener Brote seine Richtigkeit. Und wäre dann am Ende der Sinn der Geschichte der, dass sich in der Gegenwart Jesu jene Gemeinschaft bildete, die wir das brüderliche Gottesvolk nennen, und dass dies das eigentliche »Zeichen vom Himmel« war?

Sagte dann die Geschichte vielleicht, dass das Brot, das wir brechen, wächst, sodass das Wenige, unter viele mit den Händen der Güte verteilt, die Menschen vor dem Hunger rettet? Denn sagte nicht Jesus, als die Versuchung an ihn herantrat aus Steinen Brot zu machen: Der Mensch lebt nicht vom Brot allein, sondern von einem jeglichen Wort, das durch den Mund Gottes geht? Hat das Wort, das er dort droben sprach, also die Herzen und am Ende auch die Leiber satt gemacht?

Es steht uns frei, uns den Vorgang auszudenken. Die Geschichte selber, die wir lesen, beschreibt ihn nicht.

Aber da sind noch zwei Besonderheiten: Da merken die Jünger, als die Hauptamtlichen, dass sie zu wenig anzubieten haben um die Menschen satt zu machen. Dann nehmen sie das Wenige aus der Hand Jesu und erleben, dass plötzlich auch von den versammelten Tausenden von Menschen her Brot da ist. Dass sie gar nicht alles allein machen müssen, dass der Geist Jesu die Menge ergreift und verwandelt und dass da am Ende eine Gemeinschaft von Menschen ist, die das Brot vom Himmel, das Wort und das Brot, untereinander teilt.

Und die zweite kleine Besonderheit: Bei Markus und Lukas lesen wir, Jesus habe dort oben gesagt: »Wir müssen ihnen zu essen geben, denn einige kommen von weit her, und wenn wir sie ohne Nahrung entlassen, kommen sie auf dem Weg um.« Es muss also etwas Dringliches in der Situation gewesen sein, und Jesus wies sie auf die Gefahr hin, dass die Menschen, wenn die Jünger nicht handeln, umkommen. Und das bedeutet für uns, die wir die Kirche sind, dass es keinen Sinn hat zu warten, bis aus unserer Kirche eine Fabrik geworden ist, in der Brot des Lebens in vollkommener Qualität und unbegrenzter Menge produziert wird. Wir haben nur das zu geben, was wir jetzt, heute, hier, in der Hand haben, denn wenn wir es nicht geben, kommen uns die Menschen heute vor den Augen um. Nicht dass die Kirche aus dem Augenblick redet, ist ihr Fehler. Nicht dass sie nicht zu allem etwas zu sagen hat, sondern dass sie nicht unbekümmerter redet, nicht freier ausgibt, nicht mit mehr Zutrauen zu dem Gott, durch dessen Wort die Menschen das Leben haben. Und übrigens auch dies: Dass sie immer meint, es hänge alles an den Funktionären. Dass sie nicht mehr Zutrauen zu den Menschen hat, von denen die Funktionäre umgeben sind, Zutrauen, dass auch sie Werkzeuge Gottes sind oder sein können und fähig, das Brot beizusteuern, von dem wir alle leben, das Wort und das Brot. Denn dieses Zutrauen wäre nötig, damit auch unter uns das Wunder geschehen kann, das Wunder einer Wandlung, durch das eine zufällige Menschenmenge zum Volk Gottes wird.

Missverständnisse

Aber noch einmal: Worin bestand denn nun das Zeichen, das auf den kahlen Basalthöhen bei En Gev geschehen ist? Die Geschichte erzählt lediglich: Sie wurden satt. Sie merkten: Irgendetwas Ungeheures hat sich begeben zwischen ihnen, die da versammelt waren, zwischen ihnen und diesem Jesus, zwischen Jesus und Gott. Etwas für die Zukunft Wegweisendes. Und da sagen sie: Das ist der Mann, den wir brauchen. Der wird auch andere Probleme lösen. Der wird auch andere Notstände lindern. Der wird auch in anderen Dingen das Verhalten der Menschen ändern. Den machen wir zum König.

Aber diesem so begreiflichen Missverständnis konnte sich Jesus nur entziehen. Denn das Zeichen hatte ja nicht darin bestanden, dass sie zu essen hatten, sondern darin, dass etwas von der Güte und Herrlichkeit Gottes ans Licht kam, und von der Güte, mit der sie einander satt machen konnten. Für die Wirklichkeit aber, die da zum Vorschein kam, waren die Könige dieser Erde ja gerade noch nie zuständig. Darum geht die Geschichte im Johannesevangelium weiter und ihre Fortsetzung wirft das eigentlich erhellende Licht auf die seltsamen Vorgänge oben auf der Golanhöhe.

Am Ende geht Jesus unbemerkt aus der Menge und steigt allein noch höher in die Berge um zu beten. Die Jünger vermissen ihn und meinen, er sei zum Ufer hinabgegangen, besteigen das Schiff und fahren nach Kapernaum hinüber. Anderntags aber stellt sich Jesus in Kapernaum den Fragen der Leute: Wo bist du gewesen?, fragen sie ihn. Warum bist du weggegangen? Wir wollten dich doch zum König machen! Was muss man eigentlich tun, damit du dableibst und wir immer zu essen haben?

Ich will es euch sagen, antwortet Jesus: Ihr denkt allein an das Brot, von dem ihr leiblich satt werdet. Sucht das Wichtigere, das Brot, von dem ihr in Ewigkeit leben könnt. Und das will ich euch geben. Denn das gibt mir der Vater im Himmel für euch. Und dieses Brot nehmen heißt: glauben.

Glauben?, fragen die Leute. Wir wollen nicht glauben, sondern essen. Was bringst du uns für einen Beweis, dass du von Gott kommst und dass dein Wort Brot für die Ewigkeit ist? Die Sache mit dem Brot gestern – die kann man auch ganz natürlich erklären. Wenn du Brot vom Himmel hast, dann lass es uns handgreiflich fassen.

Und Jesus antwortet: Das wirkliche Brot gibt euch mein Vater. Denn das Brot von Gott ist der, der von Gott kommt und der Welt das Leben gibt. Ich bin das Brot. Wer zu mir kommt, den wird nicht hungern.

Wir verstehen solche Gespräche zwischen Jesus und seinen Zeitgenossen nur, wenn wir unsere Augen öffnen für eine andere Art Wirklichkeit, als wir sie gewohnt sind. Wenn Jesus sagt: »Ich bin das Brot, das euch Gott zum Leben gibt«, dann muss, wer er ist, an der Grenze zu einer uns sonst nicht zugänglichen Wirklichkeit aufleuchten.

Ein Wunder bei Jesus besteht ja keineswegs darin, dass da ein Naturgesetz aufgehoben wird. Das kann einmal so sein oder so scheinen. Ein Wunder ist vielmehr ein Vorgang, an dem außer den Gesetzen, die wir kennen, auch physikalische, seelische, geistige Gesetze beteiligt sind, die uns unbekannt sind. Ein Wunder ist ein Ereignis an der Grenze unseres Erkennens und spielt hinüber in eine andere Dimension oder aus einer anderen Dimension der Wirklichkeit herüber in die unsere. Und ich denke, wir sollten die ungeheure Arroganz endlich ablegen, mit der man nun seit dem Aufkommen der modernen Naturwissenschaft behauptet hat: »Nur was wir erkennen, ist wirklich. Was wir nicht erkennen, ist Einbildung«, die Arroganz, an der wir alle miteinander noch zugrunde gehen werden, wenn nicht mit dieser verblendeten Menschheit ein echtes Wunder geschieht.

Denn ein Wunder ist ein Ereignis, das immer zugleich außen und innen geschieht: Außen in unserer sogenannten Wirklichkeit und innen in uns selbst. Es ist ein Ereignis, durch das nicht nur die äußere Wirklichkeit für uns weiter wird und sich wandelt, durch das wir selbst vielmehr mit ergriffen und verwandelt werden, sodass wir als veränderte Menschen einer veränderten Welt gegenübertreten.

Da sitzen fünftausend Menschen an einem Grashang jenseits des Sees und essen Brot. Auf irgendeine Weise werden sie satt. Aber sie können das Wunder nicht deuten. Das Wunder verbirgt sich wie alles, was für Augenblicke in unsere sichtbare Welt hereingewirkt hat, sich den Händen dessen, der nachgreifen will, entzieht. Der Glaubende aber unterscheidet sich vom sogenannten Realisten ja nicht dadurch, dass es der Realist mit der Wirklichkeit zu tun hat, der Glaubende aber mit einem Traum, sondern dadurch, dass der Glaubende Wirklichkeiten wahrnimmt, für die der Realist blind ist: Wirklichkeiten, denen der Mensch sich öffnen, die er aber nicht greifen soll und nicht zu begreifen braucht.

Ein Zeichen, wie Jesus es gibt, ist auch daran kenntlich, dass es in unserer Welt etwas verändert. Zauberei allein, Zauberei um der Zauberei willen, verändert nichts. Das Wunder ist die Kraft, die den Glaubenden und mit ihm die Wirklichkeit dieser Welt umgestaltet. Es entsteht Brot. Es entsteht Hoffnung. Und das Wunder schlägt sich in einer Vision nieder, die der Glaubende und Hoffende schaut und aus der eine Veränderung der Wirklichkeit hervorgeht.

Was heißt »Reich Gottes«?

Wir sind gewöhnt, vom »Reich Gottes« zu reden. Normalerweise scheiden sich die Geister daran, dass die einen sagen: Das Reich Gottes kommt, wenn diese Welt untergegangen ist. Es ist rein zukünftig. Es löst diese Welt nach dem Ende ihrer Geschichte ab. Die anderen sagen: Das Reich Gottes ist ein Ausdruck für eine friedliche und gerechte Menschenwelt, die wir heute und morgen, jedenfalls aber im Zusammenhang der Menschengeschichte auf dieser Erde verwirklichen sollen. Die einen verlieren dabei die soziale und politische Dimension, die anderen verlieren das Drüben und das Künftige.

Es scheint mir kein Zufall zu sein, dass in den Reden Jesu die Gegenwart und die Zukunft immer wieder ununterscheidbar ineinanderfließen so, wie auch das Hier und das Drüben kaum zu trennen oder auch nur zu unterscheiden sind.

Das Reich Gottes mag man als eine Art »Gewebe« schildern, das die gröbere Struktur der Dinge dieser Welt durchzieht, eine geistige Feinstruktur, in der viel Nichtgeahntes geschehen kann, viel Unerwartetes begegnen, viel Undenkbares Wirklichkeit werden. So erwarten wir, wenn wir »Reich Gottes« sagen, beim einfachsten Ding, das wir in die Hand nehmen, dass es dem Auge eines behutsamen Menschen durchlässig werden kann für eine feinere, eine geistigere, jedenfalls andere Art von Wirklichkeit.

Wir erwarten, wenn wir Reich Gottes sagen, dass an den sozialen und politischen Verhältnissen in dieser

Welt durchaus einiges sich ändern kann, wenn ein Mensch sich in den Dienst dieses Reiches stellt. Dass es durchaus sichtbar werden kann, wirksam und handgreiflich. Dass sich das Bild ändert, das wir uns vom anderen Menschen machen, von anderen Völkern, und etwas hin und her geht an Güte und Zutrauen, dass die Taschen aufgehen und auch das Brot von einem zum anderen geht, von dem die leiblich Hungrigen auf dieser Erde leben sollen.

Wir erwarten, wenn wir Reich Gottes sagen, aber auch, dass das Ende der Menschengeschichte nicht das Ende der von Gott geschaffenen Welt ist, sondern sich Gottes Zeit, Gottes Geschichte, Gottes Welt fortsetzt. Wir stehen in einer grundsätzlich offenen Welt. In einer Welt, die offen ist für das Geheimnis des göttlichen Wirkens in ihr. In einer Welt, die offen ist zu anderen Menschen hin und zu ihrem Schicksal. Einer Welt vor allem auch, in der nichts so zu bleiben braucht, wie es ist, in der wir Christen uns mit Lüge und Gewalt, Terror und Ausbeutung nicht abzufinden brauchen. Und wir stehen in einer Welt, die nach ihrer Zukunft hin offen ist, deren Ende nicht ein Abgrund des Untergangs, sondern neue Schöpfung ist.

Hier beginnt Hoffnung

Wir hören die Stimme des Mannes, der in Kapernaum vom Leben spricht. Wir schauen den Hintergrund, aus dem seine Stimme kommt, das Reich. Wir glauben den Vater, für den Jesus steht. Und wir nehmen es an, dass dieser Ruf, dieses Wort, uns gilt.

Und das ist unsere Hoffnung, dass dieser Ruf nicht enden, nicht eines Tages annulliert sein wird. Dass wir ihm folgen werden durch alle Grenzen und Wände unserer Wirklichkeit hindurch. Wer glaubt, sagt Jesus, hat ewiges Leben. Wer glaubt, gibt ewiges Leben weiter. Wer glaubt, gibt der Welt Hoffnung. Er hat sie nicht nur, er gibt sie.

Wir hören ihn, den Einladenden: Kommt, es ist alles bereit. In immer neuen Bildern schildert Jesus das Ziel unseres Menschenlebens als eine Hochzeit, als ein Fest, als ein Gastmahl. Immer wieder ist es das Haus, das er zeigt. Immer wieder ist es der Tisch. Immer wieder sind es Brot und Wein. Die aber geladen sind, sind nicht nur die Privilegierten, nicht nur die sozusagen religiös Begabten, sondern auch die Armen, die Hungrigen, die Heimatlosen. Immer sind es auch die Verlorenen, die weggelaufen waren und die der Vater bei ihrer Heimkehr mit einem Fest empfängt.

Die Hochzeit, die da in den Geschichten Jesu gefeiert wird, ist das Fest, dass Gott und Mensch sich finden. Dass das Reich offen steht; dass wir nicht nur hinüberdenken können, nicht nur uns hinübersehen, nicht nur hinüberträumen, sondern hinübergehen, drüben sein, wenn unseres Bleibens auf dieser Erde nicht mehr sein wird.

Denn die Rede in Kapernaum zielt weit über den Punkt hinaus, bis zu dem die Menschen damals sehen konnten. Sie nimmt den Ostermorgen vorweg, als sei er schon geschehen. Und daran wird deutlich, dass wir Zeichen und Wunder in unserer Welt überhaupt nur wahrnehmen und einordnen können, wenn wir von der Auferstehung der Toten wissen, wenn auch der Tod uns keine Grenze ist, an der unsere Gedanken Halt machen und unsere Hoffnungen enden. Die Fortsetzung der Geschichte von der Speisung der Fünftausend auf den Bergen am See Genezareth liegt denn auch in den Ostergeschichten.

Das Evangelium erzählt: Zwei der Jünger wanderten an jenem Tag, es war Ostern, über Feld. Unterwegs gesellte sich Jesus zu ihnen, aber sie erkannten ihn nicht. Ihre Augen waren wie bedeckt. Sie redeten mit ihm über den rätselhaften Bericht der Frauen, Jesus sei auferstanden, und als sie gegen Abend an das Dorf Emmaus kamen, luden sie ihn zu sich ein: Bleibe bei uns zur Nacht. Da geschah es: Während er mit ihnen aß, nahm er das Brot, dankte, brach es und gab ihnen. Da fiel es wie Schuppen von ihren Augen und sie erkannten ihn. Er aber verschwand vor ihnen.

Sie erkannten ihn an der Art, wie er das Brot brach. Darin lag nicht nur die Erinnerung an den Abschiedsabend, an dem Jesus gesagt hatte: Das ist mein Leib. Es lag darin auch die Erinnerung an die vielen Gastmähler in Galiläa, bei denen er für die Gerechten und die Ungerechten das Brot brach und so das Volk Gottes um seinen Tisch sammelte. Es lag vor allem auch die Erinnerung an jenen Tag auf dem Golan darin, als Jesus angesichts einer riesigen Menschenmenge ein paar wenige Brote gebrochen hatte, wie um seine Hingabe vorauszudeuten und zu zeigen, wie das Brot, das aus dem Opfer erwächst, Sakrament sei.

Die Ostergeschichte erzählt aber noch weiter: In den Tagen nach Ostern erschien Jesus den Jüngern aufs Neue, und nun am See Tiberias. Als die Jünger nach einer langen Nacht vergeblichen Fischens vom See zurückkamen, stand Jesus am Ufer. Die Jünger aber wussten nicht, dass er es war. »Habt ihr nichts zu essen?«, fragte er sie. Nein, war die Antwort. »Dann werft das Netz über die rechte Seite des Boots.« Und als sie es tagen, konnten sie das Netz nicht mehr einholen vor der Menge der Fische. Da sagte Johannes zu Petrus: Es ist der Herr! Und als sie ans Ufer traten, sahen sie ein Kohlenfeuer, auf dem Fische und Brote lagen. Kommt, rief

Jesus, und eßt! Und er nahm das Brot und brach es, ebenso die Fische, und gab sie ihnen.

Der frühe Morgen mit seinem Spiel zwischen Nacht und Tag am Ufer des Sees, in dem das erste schimmernde Licht sich spiegelt, wirkt wie ein Gleichnis für jene Transparenz der Wirklichkeit, für jene Durchsichtigkeit, die einen Blick freigibt auf die große, die freiere Wirklichkeit, die uns normalerweise verschlossen ist. In diesem spiegelnden Spiel des Lichts begegnen die Jünger dem auferstandenen Christus, an der Grenze zwischen sichtbarer und unsichtbarer Wirklichkeit, am Ufer zwischen Zeit und Ewigkeit.

Und wieder findet ein Mahl statt. Am Ufer sehen sie ein Feuer. Petrus bringt von seinen eben gefangenen Fischen, aber im Grunde ist es unnötig, das Mahl ist schon bereit. Und sie essen, was auf so seltsame Weise ins Netz gegangen war und was auf ebenso seltsame Weise schon dagewesen war, als sie ans Ufer traten.

Aber sie wagen nicht ihn zu fragen, ob er es wirklich sei. Sie kannten ihn, er war ihnen vertraut und er war ihnen doch sehr fremd. Eine Wand wie aus Glas war zwischen ihm und ihnen, eine Wand aus Scheu, Angst, Hoffnung, Glück, bis Jesus sie durchschritt und ihnen das Brot und den Fisch reichte. Und Jesus gab ihnen ein Zeichen, das von da an für die Geschichte der Kirche bis ans Ende der Zeit gilt: Es könnte sein, dass ihr die ganze Nacht vergeblich die Brote und die Fische sucht, die ihr für die Menschen braucht. Dann kommt an das Ufer, an dem ich euch begegne, und nehmt das Brot aus meiner Hand. Und dann fahrt wieder hinaus aufs Wasser und werft, geduldig und ausdauernd, euer Netz aus. Ich werde bei euch sein und die Menschen werden durch eure Mühe leben.

Einladung zu Tisch

Eine dritte Ostergeschichte: Das Markusevangelium schließt mit dem kurzen Bericht: An einem jener Tage erschien er den elf Jüngern, als sie zu Tisch saßen, und sprach zu ihnen: Geht hin in alle Welt und sagt das Evangelium weiter. Bringt es allen Menschen.

Was ist denn das Evangelium, von dem wir so viel reden und unter dem so viele Menschen sich nichts vorstellen können? Es ist im Grunde weiter nichts als die Deutung für das, was am Tisch geschieht. Da sagt Jesus: Komm von der Landstraße, du Mensch auf deinem mühseligen Weg! Hier ist ein Haus. Leg deinen Mantel ab. Den brauchst du draußen, wo es regnet und kalt ist. Stell dein Gepäck ab. Hier ist ein Tisch. Setz dich. Hier sitzen auch andere. Die nehmen dich auf. Die begrüßen dich. Zu denen gehörst du und nichts, was du bist oder was du mitbringst, soll die Gemeinschaft hindern. Denn ich, Christus, bin mitten unter euch. Ich lade ein. Ich bin die geöffnete Tür. Ich bin die offene Hand. Ich lege dir das Brot vor. Ich gieße den Wein ein. Mehr noch: Ich bin das Brot. Ich bin der Wein. Komm und iß, es ist alles bereit.

Und dieses eine Bild nimmt auch die Zukunft vorweg, die der Sinn alles gegenwärtigen Feierns ist: das Ende der Wege des Menschen im Haus Gottes, am Tisch Gottes, wo er Gast und Kind sein wird, geborgen und bejaht in Gottes Reich.

Wir meinen immer noch, wir seien Christen dadurch, dass wir das Richtige glauben und das Richtige denken. Wir meinen immer noch, unser Christsein finde im Kopf statt. Aber Christsein heißt, seinen ganzen Menschen mitbringen auf das Fest, zu dem Christus einlädt, und den anderen Menschen, der mit am Tisch sitzt, als den Festgenossen ansehen, mit dem man alles teilt, weil an nichts Mangel ist.

Wenn uns das einmal wieder in Fleisch und Blut über-
geht, dann wird vielleicht auch aus der traurigen Buß-
feier, zu der bei uns das Abendmahl weithin degeneriert
ist, wieder das festliche Mahl, zu dem wir uns fröhlich
und dankbar versammeln und von dem wir wieder aufstehen, gestärkt und voll Hoffnung, um unseren Weg in
die Zukunft zu gehen, gelassen und allen Menschen zu-
getan.

Wir sollten von hier aus einmal wieder miteinander
verabreden, was für uns eigentlich die Kirche sein soll.
Es gibt von Georg Trakl ein Gedicht, das nicht von der
Kirche redet und das mir doch ganz Wesentliches zu sagen scheint gerade über die Kirche: »Ein Winterabend«
heißt es.

»Wenn der Schnee ans Fenster fällt,
Lang die Abendglocke läutet,
Vielen ist der Tisch bereitet
Und das Haus ist wohlbestellt.

Mancher auf der Wanderschaft
Kommt ans Tor auf dunklen Pfaden.
Golden blüht der Baum der Gnaden
Aus der Erde kühlem Saft.

Wanderer, tritt still herein!
Schmerz versteinerte die Schwelle.
Da erglänzt in reiner Helle
Auf dem Tische Brot und Wein.«

Ich habe nicht vor, dieses Gedicht auszulegen. Lassen
wir die Bilder reden: Den Schnee und den Abend und
die Straße, auf der einer ans Tor kommt. Den Baum der
Gnade, der im Garten des Paradieses stand, nun golden
aus der Erde wachsend. Und die Einladung an den, der

die Schwelle nicht überschreiten kann, weil zu viel Schmerz und Enttäuschung gewesen sind. Das erleuchtete Zimmer. Den Tisch. Und das Brot und den Wein.

Wenn Sie mich fragen, was Kirche ist, dann sage ich: Genau dies. Der Garten mit dem offenen Tor. Das Haus, an dessen Tür einer steht, der den Einsamen über die Schwelle einlädt. Das helle Zimmer, der Tisch und die Gemeinschaft, das Brot und der Wein. Und insgesamt nichts anderes als der gegenwärtige, einladende Christus. Wo aber unter den Wandernden sortiert wird, wo am Tor ein Kontrolleur steht, wo die Tür halb oder ganz verschlossen ist, da misstraut die Kirche dem, von dem sie ihr Wesen und ihren Namen hat.

Aber kehren wir zurück zu der Versammlung der Tausende oben auf den Höhen des Golan. Das ist es doch, was da oben geschieht: das, was eigentlich in dieser Welt keinen Raum hat. Diese Einladung ohne Bedingung. Diese Offenheit, die sich nicht schützt. Diese Güte, die einfach gibt. Die reich macht, ohne arm zu werden. Das ist es doch, was da geschieht: Dass da für einen Augenblick sich der Vorhang öffnet, der die Zukunft verhängt. Dass für einen Augenblick die Kräfte spürbar werden, die von Gott her in unsere Welt hereinwirken. Dass für einen Augenblick die Menschen offen sind für die Güte Gottes. Dass für einen Augenblick die Ränder dieser Welt aufreißen und das Wunder geschieht, das Zeichen an der Grenze zwischen den Wirklichkeiten. Und was sollte Amt und Charisma einer Kirche sein, wenn nicht: uns allen dafür die Augen und das Herz zu öffnen?

Das Wort ist das Brot

Die Bibel sagt, wir seien zur Hoffnung berufen. Das heißt doch: Es ist ein Ruf an uns ergangen, der sagt: Nehmt es mit der Zukunft auf! Ihr könnt es euch leisten.

Wir hören: Da ist Gott, der das Brot schafft. Der einlädt und bewirtet. Von dem also das Leben kommt. Und wenn das wahr ist, dann ist Hoffnung möglich.

Wir hören: Der Weg, den du gehst, führt weiter als bis ans Ende deines Lebens. Weiter auch als bis ans Ende der Welt. Er ist ein Heimweg. Er führt an eine offene Tür. Und wenn das wahr ist, dann ist Hoffnung.

Wir hören: Die Menschheit muss nicht bis in alle Ewigkeit von Hass und Streit und Angst zerrissen sein, vom Kampf ums Dasein, vom Töten und Getötetwerden, vom Fressen und Gefressenwerden. Das Ziel ist die Gemeinschaft der Menschen, die in einem Geist versammelt ist am Tisch Gottes. Wenn das wahr ist, dann ist Hoffnung.

Wir hören: Ihr braucht euch nicht abzufinden mit der Armut und mit dem Streit um euch her. Ihr habt etwas zu geben: Ihr habt ein Haus zu geben, Frieden, Geborgenheit, Brot. Ihr könnt das Brot der Gerechtigkeit teilen und den Wein der Freude. Und wenn das wahr ist, dass eure Einladung niemanden ausschließt, dann ist Hoffnung für eure Arbeit an dieser Welt heute und morgen.

Am Ende jenes Gesprächs, das anderntags in Kapernaum stattfand, ärgerten sich viele, weil Jesus sagte: Das Brot bin ich. Sie hätten sich, wird berichtet, von ihm abgewandt und sich von ihm getrennt. Da habe Jesus die Jünger gefragt: Wollt ihr auch weggehen? Petrus aber habe geantwortet: Herr, wohin sollen wir gehen? Du hast Worte, aus denen das Leben kommt.

Es war nicht wichtig, dass Petrus alles verstand, was

um Jesus her geschah, dass er alles deuten und einordnen konnte. Was von ihm verlangt war, war das Zutrauen, war jene Offenheit, die wir Glauben nennen und die der Offenheit dieser Welt und der geöffneten Tür am Haus Gottes entspricht.

Mehr ist auch von uns nicht verlangt, die wir »zur Hoffnung berufen« sind. Denn Hoffnung ist nichts anderes als der offene Geist und das offene Herz, in die Jesus sein Wort legt: sich selbst.

4

Garten, Stadt und Reich

Unsere Hoffnung auf den Frieden und das Recht

Was ist uns die Stadt?

Die Zeiten, in denen die Mehrzahl der Menschen ihr Leben auf dem Acker oder dem Feld zubrachten, sind vorbei. Die Städte saugen uns auf. Die Städte, auch wenn wir sie nicht lieben, sind unser Schicksal. Immer mehr und deutlicher empfinden wir die Bedrohung, die die städtische Umwelt für unser Dasein, das Leben unserer Seele zumal, bedeutet; gleichwohl wissen wir, dass heute und künftig nichts mehr ohne die großen Städte zu denken ist. Seit den Zeiten der Jugendbewegung ist nicht mehr so leidenschaftlich nach den Alternativen zur Stadt gesucht worden wie heute, und immer mehr junge Menschen sehen in irgendeiner Art bäuerlichen Lebens das Rettende, und doch wissen wir, dass es nicht die Romantik sein wird, die uns rettet.

Was die Stadt ist, fragte ein Lied –

»Was ist die Stadt, die große Stadt,
mit ihren tausend Lichtern?
Was ist die Stadt, die große Stadt,
mit ihren tausend Gesichtern?
Sie ist ein Riesenkrustentier,
an dessen Schale wir kleben.
Sie ist ein Riesenkrustentier,
von dessen Herzschlag wir leben . . .«

Wir fürchten uns heute vor der Stadt und wir fürchten unsere Abhängigkeit von ihr. Viele beginnen neu nach einem Leben in einer kleinen, bergenden Gemeinschaft zu suchen, nach Kommunität, wie wir heute sagen, und nach einem spirituellen Leben, das der Hektik und dem Druck der großen Städte entnommen ist.

Viele empfinden, dass das Leben in der Stadt Angst schafft, dass es die Menschen zerreißt und dass es keine Antwort gibt auf die Frage nach dem Sinn, nach dem Recht, nach der Freiheit und nach einem verpflichtenden Maß.

Da ist die ratlose, verängstigte Frage, was für einen Sinn dieses Leben habe. Es stellt sich heraus, dass der Mensch einer neuen Auskunft bedarf, wozu und wofür und woraufhin er leben soll, und dass die städtische Zivilisation ihm diese Auskunft nicht gibt.

Da ist eine immer stärker werdende Suche nach einem Lebenszusammenhang mit den Menschen, den Tieren, den Pflanzen, mit Luft und Wasser. Die Suche nach dem größeren Zusammenhang mit den anderen Wesen in dieser Welt, in der der Mensch eine sinnvolle Aufgabe erfüllen will.

Und da ist die immer klarer werdende Frage nach dem, was erlaubt ist, was verantwortbar ist. Der Traum, alles sei machbar, alles sei möglich, ist weithin zu Ende geträumt, und die Frage: Was eigentlich darf der Mensch? wird deutlich hörbar. Und vielleicht erhebt sich daraus eine neue Religiosität gerade des städtischen Menschen.

Was ist uns die Stadt?

Am Anfang, als Gott den Menschen schuf, so erzählt die Urgeschichte der Bibel, setzte Gott den Menschen in einen Garten. Einen Garten in Eden, das heißt in der kahlen Steppe, einen abgegrenzten Bezirk, in dem Bäume wuchsen, Wasser flossen, Blumen und Früchte gediehen. Also einen Spezialraum für den an der Erde arbeitenden Menschen. Wobei uns deutlich sein muss, dass das Paradies von 1. Mose 2 nicht das Schlaraffenland war. Ein Garten war für den Begriff der Nomaden-

und der Ackerbauvölker des mesopotamischen Raums ein Stück Erde, an dem zu arbeiten Sinn hatte, weil Wasser da war und Frucht wuchs.

Und am Ende, so schildert es die Offenbarung Johannes, werden in der heiligen Stadt lebendige Bäume wachsen an einem Strom frischen Wassers, Bäume, die zwölfmal im Jahr Frucht tragen und deren Blätter heilende Kräfte haben. Das Ziel ist wieder ein Garten.

Am Anfang, als der Mensch anfing seine Herrschaft über die Erde zu ergreifen, und die erste Bluttat zwischen den beiden Brüdern geschehen war, da ging der heimatlose, rastlose Mensch hin in seiner Angst und baute sich eine Stadt. Denn die Stadt, das war für das Empfinden der Nomadenvölker im Ursprungsland der Bibel eine Not- und Angstlösung für einen Menschen, der Grund hat andere Menschen zu fürchten. Warum sonst sollte er Mauern bauen oder Tore? Warum sonst sollte er ein Zentrum der Macht errichten?

Was dem antiken Menschen unheimlich war an der Stadt im Gegensatz zum freien Ackerland oder zu den Steppen, in denen der Nomade zog, ist uns heutigen Menschen unheimlich am Staat. Warum konzentrieren Menschen so viel Macht? Was wollen sie damit? Wie schützt man die Würde und die Freiheit des Menschen gegen so viel Macht? Wie schützt man das Recht und die Wahrheit?

In der Bildersprache der Offenbarung des Johannes steht am Ende und Ziel der Weltgeschichte, als Gleichnis eines freien und religiösen Lebens, eine Stadt. Ähnlich spricht Jesus von einem Reich, dem Reich der Himmel oder dem Reich Gottes. Das erscheint noch kühner als das Bild vom Garten. Denn Stadt und Staat sind für uns ja eher Symbole der Unfreiheit als der Erlösung. Offenbar werden sie zu Symbolen der Freiheit erst mit durch unsere Bemühung. Aber was muss geschehen, so fragen wir, dass sich unsere Städte und Staaten zu Bildern des Friedens und der Gerechtigkeit eignen, dass wir an ihnen unsere Hoffnung auf Freiheit festmachen können?

Die Stadt und die Braut

»Ich schaute«, schreibt Johannes,
»und sah einen neuen Himmel und
eine neue Erde.
Der vorige Himmel und die vorige Erde
waren vergangen
und das Meer war nicht mehr.

Ich sah, wie die heilige Stadt,
das neue Jerusalem,
vom Himmel, von Gott her,
sich herabsenkte in unsre Welt.
Sie war schön. Schön und
geschmückt wie eine Braut,
die ihrem Mann entgegengeht.

Von Gottes Thron her hörte ich
eine mächtige Stimme sagen:
Sieh her! Hier wohnt Gott
bei den Menschen.
Er wird bei ihnen bleiben, und sie
werden sein Volk sein.

Er selbst, Gott, wird für sie da sein.
Er wird abwischen alle Tränen von
ihren Augen, es wird kein Tod mehr sein,
kein Leid, kein Geschrei, kein Schmerz.

Denn was war, ist vergangen.
Sieh her! Ich mache alles neu.« (Offenbarung 21, 1–6)

Da ist also das Bild einer Stadt – sie wird ein paar Verse später genauer geschildert – mit Mauern aus Jaspis, mit Straßen aus Gold, aber einem Gold, das durchscheinend ist wie Glas, mit Toren aus schimmernden Perlen. Sie braucht keine Sonne, denn sie ist selbst voll Licht. Sie braucht keinen Tempel und keine Kirche, denn Gott erfüllt sie von einem Ende zum anderen. Sie hat Tore, aber die werden niemals geschlossen, weil niemand die Stadt bedroht. Ein kristallheller Strom, der den Bewohnern das Leben gibt, fließt mitten durch sie hindurch.

Die ewige Stadt – ein Symbol der Vollkommenheit, wie ein Schmuckstück aus Gold und Edelstein, Bild einer vollendeten, zum Ziel gelangten Welt.

Mitten in der Schilderung dieser Stadt aber löst sich das Bild plötzlich auf. Die Stadt verschwindet und ein anderes Bild erscheint an ihrer Stelle: Da ist eine breite Treppe, die führt vom Himmel herab auf die Erde, und herab steigt eine Frau. Eine Braut schreitet herab, schön, geschmückt, in festlichem Gewand, glücklich und strahlend, ihrem Bräutigam entgegen.

Die Braut – das andere Symbol der Vollkommenheit, der Mensch, der seinen Weg findet, sein Glück, seine Bestimmung, seine Heimat und Geborgenheit, der vollendete, durch alle Wandlungen dieses Lebens hindurch zur Reife gekommene Mensch.

Und wieder löst sich das Bild von der herabsteigenden Braut auf und es ist wieder die Stadt da und die Braut ist die Stadt, golden, lichterfüllt, strahlend von innen her. Denn innen in ihr ist Gott.

Dieses Bild von der Stadt mit den goldenen Gassen, so ferne, so jenseitig es scheinen mag, inspirierte merkwürdigerweise seit mehr als tausend Jahren alle Umstürzler, alle Sozialrevolutionäre des christlichen Abendlandes, vom frühen Mittelalter an über die Reformationszeit bis in die Französische Revolution und in den religiösen Sozialismus noch dieses Jahrhunderts.

Was wäre das für eine Stadt, in der es keinen Machthaber gibt außer Gott selbst! Was wäre das für eine Stadt, in der keine Priesterschaft ist und keine Klassen sind und keine Privilegien! Eine Stadt ohne dunkle Winkel, ohne Elendsquartiere, ohne Kerker und Verliese, ohne Verbrechen und ohne Polizei! Was wäre das für eine Stadt, die keine Kontrolleure hätte und keine Wachtposten, in der die Tore Tag und Nacht offenstünden, weil niemand sich vor einem Feind fürchtete, der von draußen hereinkommen könnte – und niemand eingeschlossen wäre, sondern frei aus und ein gehen könnte! Ist sie nicht das Symbol der Überwindung von Herrschaft und Gewalt, von Ungerechtigkeit und Ausbeutung, Angst und Leid der Menschen?

Aber die Bilder gehen ineinander über: Diese Stadt, sagt Johannes, ist wie eine Braut, die schön und geschmückt ihrem Bräutigam, das heißt ihrem Schöpfer, entgegengeht. Ist die Braut nun nicht das Bild einer ganzen Gesellschaft, ja einer neuen Welt? Ist es nicht das, was Paulus meint, wenn er sagt, am Ende werde die ganze Schöpfung befreit sein? Denn die Braut ist ja nach orientalischer Vorstellung der befreite Mensch. Ein Mädchen, so dachte man, ist unfrei, solange es seinen Eltern untersteht, und bis ein junger Mann kommt und es »freit«, wie wir heute noch sagen, der es also herausholt aus dem Elternhaus und es zu einem freien Menschen macht, so dass es seine Liebe in einem Ja ausdrücken und von da an seinen Lebensweg mit dem erwählten, dem geliebten Mann zusammen gehen kann.

Auch dieses Bild von der Braut, also einer befreiten Welt und Menschheit, ist als bewegende Kraft bis heute wirksam. Davon träumen wir doch am Ende dieses 20. Jahrhunderts: Was wäre das für eine Schöpfung, die nicht ausgebeutet, sondern befreit würde! Was wäre das für eine Welt, die ihre Schönheit bewahren dürfte und nicht die grauen, schmutzigen Fetzen tragen müsste, die ihr der Mensch umwirft! Was wäre das für eine Welt, die von Machtanspruch und Habsucht des Menschen frei wäre!

Und da der Mensch selbst ein Teil dieser Schöpfung ist: Was wäre das für ein Mensch, der frei in seiner Welt stünde, ehrfürchtig vor ihren Geheimnissen, die Geheimnisse der Welt in seiner eigenen Seele wiedererkennend, in seinen Gedanken ihnen nachspürend und an der Vollendung der Schöpfung an seinem Teil wirkend! Wenn es überhaupt etwas Aktuelles gibt, dann dies.

Aber nun geschieht mit diesen beiden Bildern etwas sehr Charakteristisches: In dem Augenblick, in dem sie den Sinn bekommen, über die Grenze dieser Welt und dieser Zeit hinauszuweisen, verschmelzen sie und man kann sie nicht mehr so recht eindeutig trennen. Es geschieht mit ihnen, was mit der Stadt geschieht, von der es im einen Satz heißt, sie sei aus Gold, und im nächsten Satz, sie sei durchscheinend wie Glas. Alle Bilder, die über Raum und Zeit unseres hiesigen Daseins hinausweisen, erscheinen uns notwendig widersprüchlich und kaum mehr geeignet, uns etwas Deutliches zu sagen. Sie rücken hinaus in eine auch mit Jahrmillionen nicht mehr messbare Zukunft, in einen Raum, der mit unserem Kosmos nicht mehr zu vergleichen ist, und zeigen das Letzte, zeigen den Sinn.

Symbole wollen unsere Gedanken ändern

Nun könnten wir natürlich gleich den Mut verlieren und fragen: Was sollen diese unscharfen Bilder am fernen Horizont der Geschichte, da wir sie ja doch nie ganz verstehen? Täten wir nicht besser, unseren klaren Verstand zu gebrauchen und auf unserer Erde das Vernünftige zu tun? Mit unserem klaren Verstand – das wäre gut, wenn es mit unserem Verstand eine so klare Sache wäre.

Die abendländische Neuzeit war ja einmal angetreten, den Menschen endgültig von Träumen, von Fantasien, von Angst und von den Bildern, die die Angst erzeugen, frei zu machen. Angst, so dachte man, gibt es nur dort, wo es Gott und Teufel gibt, Himmel und Hölle, wo also unsichtbare, jenseitige Mächte in diese Welt eingreifen. Also gilt es, künftig auf die klare Vernunft des Menschen zu vertrauen und eine Welt zu schaffen, in der es klar und nicht verworren, wissenschaftlich und nicht religiös zugeht. Am Ende überließ man, wie ein Dichter sagte, den Himmel den Engeln und den Spatzen.

Was wir heute erleben, ist das Ende dieses Traums von der klaren, angstfreien Welt. Was wir erleben, das ist, dass nach dem Sieg der Wissenschaft und der Vernunft die Angst das Feld beherrscht, wie sie es vermutlich seit dem frühen Mittelalter nicht mehr getan hat.

Was ist der Grund? Vielleicht dies, dass man den Menschen halbiert hat, dass man seinen Verstand und sein Ahnungsvermögen voneinander getrennt hat? Dass man gesagt hat: Der Verstand hat die Wahrheit, die Seele hat es mit den Fantasien, den Träumen, den Wünschen zu tun. Und was wir heute erkennen, das ist doch, dass wir nur mit allen unseren Kräften des Geistes und der Seele zusammen ein zutreffendes Bild von der Wirklichkeit gewinnen. Und was wir zu begreifen beginnen, das ist doch, dass das Ausgesparte als Quelle der Angst im Hintergrund wirksam bleibt. Wenn wir aber versuchen, das Ganze zu erfassen, dann entsteht vor unseren Augen das, was wir ein Symbol nennen.

Symbole sind eine Verbindung dessen, was ist, und dessen, was werden soll. Das Symbol einer Stadt zeigt, was eine Stadt ist und was eine Stadt werden kann. Das Symbol einer Braut zeigt, was der Mensch ist und was aus dem Menschen werden kann. Symbole zeigen, wo das Gegenwärtige und das Künftige auseinanderklaffen, wo sie übereinstimmen und was geschehen muss, damit die Zukunft unsere Hoffnung erfüllt.

Symbole wollen uns die Augen öffnen

Was also sagt das Symbol »Stadt«? Es ist ja nicht so neu, dass der Mensch zur Stadt ein gespaltenes Verhältnis hat, dass er die Stadt braucht und dass er sie zugleich hasst. Dass er in ihr seine Freiheit sucht und sich doch von ihr gefangen fühlt. Wenn die Menschen der Bibel ein Bild ihrer Hoffnung suchten, dann sprachen sie von Jerusalem, der hochgebauten, der schönen, freien, unbedrohten Stadt. Und wenn die Menschen ein Bild des Schreckens malen wollten, dann sprachen sie von Babylon, der seelenlosen, der gewalttätigen Stadt, in der der Mensch nicht nur Gott verliert, sondern auch sich selbst.

Unser heutiger Traum ist weniger der von der schönen großen Stadt als der von einer Welt, in der wir mit allem, was mit uns die Welt bewohnt, zusammen in Frieden leben können. Eine Welt, in der nicht nur, wie Jesaja sagt, der Wolf neben dem Lamm wohnt, sondern auch der Mensch neben dem Tier und dem Baum.

Für uns ist der Traum vom Garten wichtiger geworden als der von der Stadt. Und für uns ist auch wichtiger geworden der Gedanke vom Reich Gottes, das Jesus meint, der Gedanke von einem Lebenszusammenhang, der die Welt überhaupt umfasst und nicht nur die Welt des Menschen.

Ich habe das Gefühl, gerade wir Christen hätten nun jahrhundertelang die Wichtigkeit des Menschen ungeheuer überschätzt. Hat man nicht immer wieder gemeint, das einzige, das in dieser Welt von religiöser Bedeutung sei, sei der Mensch? Der Mensch und sein Gott, das war vielerorts das einzige Thema des Christentums. Versöhnung zwischen Mensch und Gott. Erlösung des Menschen. Das waren doch die Themen. Rechtfertigung des Menschen, Sünde des Menschen, Tod und Auferstehung des Menschen. Und endlich die Vollendung der Kirche, die aus Menschen bestand, in der himmlischen Gemeinschaft derselben Menschen mit ihrem Gott?

Und weil der Mensch so wichtig war, darum kam es auch bei den strengsten moralischen Ansprüchen der Christen zu der brutalen Unterdrückung und Ausbeutung aller anderen Lebewesen. Das Recht anderer Wesen auf Leben, auf Unversehrtheit, auf Schutz, auf Güte war kein Thema christlicher Moral.

Heute geht es indessen energisch um den Gedanken vom »Reich«, also um den großen Zusammenhang, in dem alles, was lebt, nach seinem Recht, zu seinem Heil und zu seiner Freude leben darf.

Ähnlich klein gefasst wie der »Himmel allein für Menschen« ist bei uns bis heute unsere Vorstellung von der Ökumene. Wenn wir von »Ökumene« reden, dann meinen wir die Gemeinschaft der Kirchen in der ganzen von Menschen bewohnten Welt. Manchen greift das schon wieder zu weit und in allen Konfessionen machen sich die restaurativen Kräfte bemerkbar.

Aber ich meine, selbst wenn wir mit langen Armen alles zusammenhalten wollen, was christlichen Glaubens ist, dann umgreifen wir noch immer bei weitem zu wenig. Was ist mit den anderen Menschen, die keine Christen sind? Von Gott geschaffen, von Gott gerufen – und doch nicht Teil der von den Christen umgriffenen Menschheit?

Aber ich meine noch mehr: Selbst wenn wir alle Menschen, unabhängig von ihrer Religion oder Gottlosigkeit, umfassen wollen, greifen wir noch immer zu kurz. Ökumene heißt auf Deutsch: die gesamte bewohnte Welt. Bewohnt aber ist diese Welt keineswegs nur von Menschen. Geht es heute für uns Christen nicht um eine Ökumene aller Lebewesen?

Ist die Ökumene der christlichen Konfessionen nicht ein Thema von gestern? Wenn die Langweiligkeit der Kirchen und ihre Rechthaberei uns noch heute daran hindern, gemeinsam zu bekennen und gemeinsam zu handeln, dann ist das ein trostloses Zeichen geistlicher und geistiger Armut und Kleinkariertheit. Aber kann es uns verpflichten, unsere Zeit und Kraft an diesen armseligen konfessionellen Gemischtwarenladen zu wenden? Muss unsere Energie und Fantasie nicht einer Ökumene aller Menschen, mehr, aller von Gott geschaffenen Lebewesen auf diesem Erdball gelten?

In seiner »Göttlichen Komödie« schildert Dante die vollkommene, die himmlische Welt. Nach seinem langen Weg durch die Hölle und die Zonen der Läuterung schildert er die himmlische Welt mit dem Bild einer weltumspannenden Rose, die alles erfüllt, die den erlösten Kosmos, dessen Mitte Gott ist, darstellt. Er will sagen: Ich schaue ein großes, alles umfassendes, in sich vollkommenes Sein in Gott. Die Menschen haben ihren Ort in Gott, die Dinge dieser Welt, ihre Kräfte und Gesetze, alles ist in Gott; wie die vielen Blätter einer Rosenblüte um ihre Mitte gesammelt sind, so sammelt sich alles, was ist, um Gott und wird von ihm durchdrungen.

Die himmlische Rose ist eines jener Bilder, die das Ganze meinen, das Universum in Gott. Und das ist unser Thema.

Was meint Jesus mit dem »Reich«?

Wie spricht denn Jesus von jenem Universum in Gott? Seine Reden sind voller Gleichnisse. Von einer Hochzeit spricht er, also von dem Fest, in dem das Geheimnis einer umfassenden Liebe zwischen Gott und seinen Geschöpfen und zwischen seinen Geschöpfen gefeiert wird. Von einem Gastmahl spricht er, das am selben Tisch alle versammelt, die schon mit Gott in Gemeinschaft leben, und allen anderen, die es noch nicht tun, von einer hier auf dieser von Streit und Krieg und Ausbeutung zerrissenen Erde noch undenkbaren Gemeinschaft der Söhne und Töchter Gottes.

Und wenn wir ihn fragen: Wie kommt es zu diesem Reich?, dann antwortet Jesus unter anderem mit den sogenannten Seligpreisungen. Wir fragen: Wem gehört das Reich Gottes? Wer bewirkt es? Wer dient ihm? Und Jesus antwortet:

Selig sind, die arm sind in Erwartung des Geistes, ihrer ist das Reich Gottes. Selig sind, die behutsam und freundlich sind, die auf Gewalt verzichten, ihnen wird das Erdreich gehören. Selig sind, die hungert und dürstet nach der Gerechtigkeit, denn Gott wird sie sättigen. Selig sind die Barmherzigen, denn sie werden Barmherzigkeit erlangen. Selig sind, die reinen Herzens sind, denn sie werden Gott schauen. Selig sind, die Frieden stiften, denn sie sind Töchter und Söhne Gottes. Selig sind, die verfolgt werden, weil sie Gerechtigkeit suchen, denn das Reich Gottes steht ihnen offen.

Ein Glückwunsch den Behutsamen, die nicht leben wie Kain, der Brudermörder und Städtegründer! Ein Glückwunsch den Friedenstiftern, die bei ihrem Tun das Lebensrecht auch der anderen im Auge haben, die mit Geduld und langem Atem daran arbeiten, dass alle Menschen auf der Erde ein Zuhause finden.

Die Bergpredigt mit ihren berühmten Forderungen nach Gewaltlosigkeit und Feindesliebe und ihren so schönen und so weltfremden Seligpreisungen war nun zwei Jahrtausende lang die große Verlegenheit der christlichen Theologen und das Ziel des Spottes der Weltkinder. Heute stehen wir an einem Punkt, an dem wir erkennen: Dies, genau dies ist die realistische Anweisung für den künftigen Weg der Menschheit, wenn es denn überhaupt noch einen Weg geben soll.

Man hat auch in der Theologie immer wieder entschuldigend gemeint: Nimm's nicht so wörtlich. Man braucht bei uns kein Schwärmer zu sein. Bei uns gilt nach wie vor Auge um Auge, Zahn um Zahn. Bei uns gilt nach wie vor, dass Gott bei den stärkeren Bataillonen ist; bei uns gilt nach wie vor, dass man dem, der nicht freiwillig unser Bruder sein will, ganz normal und vernünftig den Schädel einschlägt.

Die Zeiten, in denen man unter Christen so sprechen konnte, sollten endlich hinter uns liegen. Denn entweder gilt uns, was Jesus über das Reich sagt, oder es ist kein Weg mehr, der anderswohin führt als in den Abgrund.

Die Menschheit hat im Laufe ihrer vieltausendjährigen Geschichte schon mehrmals gründlich umdenken müssen. Je vollständiger der Mensch seine instinktbedingte Sicherheit verlor, desto differenzierter musste er darüber nachdenken, was denn ihm, dem Menschen, gemäß sei. Und wenn man will, dann kann man die Geschichte der Menschheit als einen Prozess allmählicher Ablösung von animalischen Selbstverständlichkeiten ansehen. Dass der Stärkere das Recht hat, hat man erst sehr spät in dieser Geschichte begonnen anzuzweifeln. Dass der Einzelne ein Recht auch gegen das Interesse seiner Gemeinschaft besitze, kam noch später hinzu. Dass der Mensch kein Sklave sein könne, weil kein Mensch Besitz eines anderen Menschen sein kann, dringt erst seit einigen Jahrhunderten ins Bewusstsein der Besitzenden. Dass das nutzlose Glied der Gesellschaft ein Recht auf Leben habe, ist noch nicht allzu lange Gegenstand der Erörterung, es ist in unserer eigenen Zeit noch nicht volle Klarheit darüber hergestellt. Dass man den Verwundeten auf dem Schlachtfeld nicht einfach liegen lässt, sondern ihn pflegt und schützt, dass der Gefangene ein Mensch bleibt auch in der Hand des Feindes, ist erst im 19. Jahrhundert festgestellt worden. Ob die Gemeinschaft den schuldigen Einzelnen töten darf oder nicht, ist erst wenige Generationen lang ein Thema der Diskussion. Die Gesellschaft der Menschen differenziert sich. Sie wird ohne Frage humaner. Sie gibt mehr und mehr Freiheit. Sie toleriert mehr und mehr auch den Außenseiter, den Eigenwilligen, den Revolutionär oder den Fantasten. Das ist gut so.

Aber die Fragen gehen weiter: Wie viel Recht zum Aufruhr gegen die Obrigkeit hat der Staatsbürger? Wie weit reicht die Fürsorgepflicht eines reichen Landes für ein armes Land am anderen Ende der Erde? Ist die Zerstörung der natürlichen Umwelt unter die Verbrechen zu zählen? Sind die Experimente an den menschlichen Erbanlagen unter die Verbrechen zu zählen? Ist die Lagerung von radioaktiven Abfällen für die nächsten Jahrtausende ein Verbrechen an unseren Nachkommen?

Noch vor vierzig oder fünfzig Jahren hätte niemand begriffen, wie ein normaler Mensch mit gesundem Verstand über die Themen nachdenken könne, die uns diese Jahre stellen.

Nun verweisen uns unsere heutigen Diskussionen aber unablässig auf den Mann von Nazareth. Denn seine Botschaft hat praktisch alles vorweggenommen, was uns heute noch beschäftigt. Er hat mit seiner Bergpredigt jahrhundertelang als frommer Träumer gegolten und selbst die Kirchen hielten die Maßstäbe, die er in jener Rede aufstellte, für utopisch, für ein Kennzeichen nicht dieser, sondern der künftigen Welt. »Selig sind die Friedenstifter, denn sie erfüllen den Auftrag Gottes.« Was für ein schwächlicher Träumer muss das gesagt haben! Heute, in unseren Jahren, entdecken wir, dass es so ist. »Selig sind die Behutsamen, denn ihnen soll die Erde gehören.« – »Selig sind die Barmherzigen.« – »Selig sind, die sich um der Gerechtigkeit willen verfolgen lassen.« – »Ihr sollt nicht schwören.« – »Ihr sollt überhaupt nicht töten.« – »Ihr sollt Schuld nicht vergelten.« – »Ihr sollt die Schuld nicht beim anderen, sondern bei euch selbst suchen.« Und wie immer diese Weisungen lauten. Stück um Stück beginnt uns aufzugehen, dass hier keine weltfremden moralischen Rezepte gegeben werden, sondern das Modell einer tatsächlich erreichbaren, menschlicheren Welt gezeichnet ist.

Bürger des »Reiches«

Man mag darüber staunen, wie ein Mann in der Zeit des Römischen Reiches über die Jahrtausende vorweg dieses Modell entwerfen konnte. Man mag darüber staunen, weil es weder einen Vorgänger noch eine Analogie für ihn gab und gibt. Er ist uns bis zum heutigen Tage voraus und wir haben Mühe, mit unseren nüchternen Überlegungen zu den Problemen der heutigen Welt kleine Schritte hinter ihm her zu gehen, die in Richtung seiner Visionen weiterführen.

Wer aber, so sagt Jesus, so hinter mir her geht, der ist schon ein Bürger des kommenden Reiches. Und Paulus sagt es so: Wer in Christus ist, sich sozusagen in seine Gestalt kleidet und so über diese Erde geht, der ist eine neue Schöpfung, eine neue Kreatur, der ist Zeichen und Bürge des neuen, des großen Reiches, in das Gott diese Welt verwandeln will. Er ist selbst verwandelt und ein Zeichen und Merkmal der Verwandlung.

Er braucht sich über den Zustand dieser Welt keinen Illusionen hinzugeben. Und er braucht ebensowenig zu resignieren. Er braucht die technische Zivilisation weder anzubeten noch zu hassen. Er hat weder das rüde Selbstbewußtsein des Machers nötig, noch braucht er sich an Weltschmerz, Todessehnsucht oder apokalyptische Untergangsstimmungen hinzugeben.

Er weiß, dass er nicht alles zu verantworten braucht. Seine Verantwortung reicht nicht weiter als seine Kraft. Er braucht sich weder gegen sie zu sträuben noch sich an ihr zu übernehmen.

Er kann ohne zu verzagen über die Folgen seines Tuns nachdenken, denn er weiß, dass er nur ein Helfer ist und dass seine kleine Kraft wie ein Instrument in der Hand dessen liegt, der letztlich die Macht hat.

Er weiß, dass ihn weder Tod noch Leben noch irgendeine Macht dieser Welt von der Liebe Gottes scheiden kann, und braucht deshalb weder ein Sklave seiner Wünsche zu sein noch ein Sklave seiner Pläne und Absichten oder seiner Feindbilder. Er steht der Welt mit freien, offenen Händen gegenüber.

Er wird von Selbstbegrenzung sprechen, wo andere vom freien Spiel der Kräfte reden. Er wird vom Gemeinsamen reden, wo andere den Platz an der Sonne für sich selbst suchen.

Er wird sich fragen, ob die Mittel, die der Mensch heute zur Beherrschung seiner Welt anwendet, noch taugen, und wird die sanftere Technik suchen. Er wird an das Wort Jesu denken: Selig sind die Sanften, denn sie werden das Erdreich besitzen.

Vor allem wird er sich weigern, das Reich der Lebewesen auf dieser Erde abzutrennen von der großen Hoffnung auf das Reich aller Wesen in Gott. Er wird es zusammen sehen und seine schauende Hoffnung wird die andere Seite seiner tätigen Zuversicht sein.

Er weiß: Gerade der, der keine Macht hat die Welt zu verändern, wird sie am wirksamsten heilen. Gerade der, der an seine kleine Stelle angebunden ist, kann die große Freiheit in die Welt bringen. Gerade der, der die Bedrohung und Verstümmelung der Welt am tiefsten erleidet, zeigt den Weg aus der Gefahr.

Ist nicht Jesus der Ohnmächtige? Ist sein Zeichen nicht das Kreuz? Ist es nicht Jesus, der Heimatlose, der den Weg nach Hause zeigt? Ist es nicht der gebundene Christus, der die Freiheit hat? Ist es nicht der Gekreuzigte, der das Leitthema der Weltgeschichte anzeigt?

Viele Bilder zusammen zeigen die Wahrheit

Von ihm lassen wir uns die Bilder der Hoffnung deuten, an denen wir uns orientieren:

Da ist der Garten und der Garten ist ein Stück Land, fruchtbar gemacht durch die Arbeit des Menschen, ein Lebensraum für Pflanzen und Tiere, für das gemeinsame Leben, das ihnen allen dient.

Da ist das Bild vom Gastmahl, und das Gastmahl ist ein Fest an einem Tisch, zu dem alle Zutritt haben, von

111

dem sie alle ihre Speise nehmen und an dem für alle ein Platz frei ist.

Da ist das Bild von einem Haus, in das der heimatlose Mensch heimkehrt, und in dem Haus trifft er seinen Vater und der Vater gibt ihm Wohnrecht und Menschenwürde, auch ihm, der von seinen eigensüchtigen Wegen endlich nach Hause kam.

Da ist das Bild von der Stadt und die Stadt ist das Ganze, in dem der Schutzlose seinen Schutz sucht, sein Recht und seinen Raum. Die Mauer schützt, sie schließt nicht ein. Das Tor begrenzt nicht, es ist offen, und wer will, kann hinein- oder hinausgehen.

Da ist das Bild von einem Reich. Und zum Reich gehören die Stadt und das Haus und der Garten. Das Reich ist das große Gemeinsame aller Wesen unter und in dem einen heiligen Gott. Die endlich zu ihrer Gestalt gekommene Welt. Das Universum in Gott.

Der Mensch aber, der im Garten wirkt, der am Tisch sitzt, der ins Haus und in die Stadt einkehrt, der ein Bürger des Reichs ist, erscheint am Ende als der Geliebte im Bild von der Braut, die schön und geschmückt dem Bräutigam entgegengeht.

Nicht weil dann nach der Hochzeit des Menschen mit Gott sozusagen alle Sorgen beendet sind. Sondern weil der Mensch endlich die Verantwortung wahrnehmen kann, die ihm als dem Hausherrn oder der Herrin in dieser Schöpfung nach dem Willen Gottes zugemutet ist.

Hoffnung hat ihren Grund

Denn der Mensch ist zuerst der Geliebte und erst dann der Verantwortliche. Er ist nicht der von moralischen Forderungen gejagte Sklave, der für die Zukunft der Welt zu arbeiten hat. Er ist zuerst der geliebte Mensch, der seiner Zukunft und der Zukunft Gottes »schön geschmückt« entgegengeht.

Und weil er der geliebte und nicht der gejagte Mensch ist, darf er träumen. Darf Bilder schauen. Darf sich seine Zukunft vorstellen und sich ausmalen, wie es sein wird.

Denn Jesus Christus, der das mit der Braut gesagt hat, sagt auch: Ich bin die Tür. Geh durch mich hindurch aus dem Gefängnis dieser sogenannten Wirklichkeit ins Freie, in die Freiheit Gottes. Er sagt: Ich bin der Weg. Und dieser Weg führt dich weiter als bis in die Sackgassen, die die Geschichte der Menschheit sich bereitet. Geh hinaus ins Freie und du schaust eine neue Welt, du gehst auf sie zu und sie schimmert vor dir in dem Licht, das Gott selbst ist.

Der Mensch, der diesen Weg mit Christus geht, wird sagen: Wenn der Herr die Gefangenen Zions erlösen wird, werden wir sein wie die Träumenden. Wir werden einer Wirklichkeit begegnen, die wir allenfalls im Traum noch gewagt hatten zu erhoffen.

Im Traum, sagt Hiob, wenn der Schlaf auf den Menschen fällt, öffnet Gott ihm das Ohr. Nirgends ist den Menschen die Tiefe der eigenen Seele so nahe wie im Traum. Und nirgends liegen die Kräfte so bereit, die die Welt verändern, wie im Traum. Im Traum derer, die Bilder zu schauen vermögen, verwandeln sich die Dinge. Wer die Bilder schaut, die ihm vom Ziel der Welt erzählen, dem verwandelt sich, was er anfasst, unter den Händen in ein Zeichen der Erlösung. Die Erde ist nicht mehr nur die Erde, sondern Garten, Ort des aufkeimenden Gottesreiches, und der Kosmos ist nicht mehr nur die ungeheure Leere, in der das Raumschiff Erde seine unendlichen Runden beschreibt. Er ist ihm das Haus des Vaters.

Er fasst den Mut, nicht mehr nur das alte Lied von der Sorge zu singen, die ihn in dieser Welt ergreift, sondern ein neues. Er fasst den Mut ein Wort zu sagen, das er nicht vorher schon auswendig weiß. Einen Weg zu gehen, auf dem der Traum wahr und nicht die alte, vergangene Wirklichkeit nachgetreten wird. Und er lässt sich führen von den Bildern, die ihm Gott zeigt, über die Schwelle des Todes hinaus, bis sie sich erfüllen und sich am Ende zeigt, was wirklich ist.

Und er wird versuchen irgendeinen Verzagten neben sich mitzunehmen in seine Hoffnung, irgendeinem Verängstigten Mut zu machen zum nächsten Schritt, irgendeinen Verlassenen zu begleiten.

Das Leben ist keine graue Sackgasse mit nachtschwarzem Ende. Im Gegenteil. Dort, wo wir die dunkelste Stelle passieren, bricht das Licht auf. Das Leben ist ein Gehen aus dem Dunkel ins Licht, aus dem Licht ins Dunkel und wieder und wieder von einem ins andere.

Ganz am Ende aber, wo sich der Sinn des Ganzen offenbart, malt die Bibel Bilder aus Licht. Aus Feuer. Aus Kristall, aus durchscheinendem Edelstein. Es wird alles zu einer Vision aus Licht.

Geborgenheit

Ich möchte das nach einer Reihe von Jahrzehnten, in denen man in unserer Kirche mit diesen Bildern so schrecklich verängstigt umgegangen ist, einmal wieder in aller Einfachheit so stehen lassen.

Das bedeutet doch alles: Keine Dunkelheit ist endgültig. In der Stadt Gottes ist das Licht. Kein Versagen, keine Schuld, keine Bruchstückhaftigkeit ist endgültig. Am Ende ist der Mensch Braut. Geliebter Mensch. Es gibt keinen endgültigen Abschied.

Woher ich das weiß? Daher, dass ich Jesus Christus kenne und weil mich noch keiner, den ich sonst gehört habe, mit solchem Vertrauen zu seinem Wort erfüllen konnte wie er. Und weil es mit meinen Erfahrungen zwischen Tod und Leben der Menschen übereinstimmt.

An Christus lese ich ab, wie weit der Pfeil des Menschseins äußerstenfalls trägt. Wozu der Mensch äußerstenfalls bestimmt, befähigt und begnadet ist. Und von ihm höre ich: Dieses Äußerste ist dir angeboten. Dir sage ich es zu.

Und dann messe ich den Menschen an seinem Bild. Wer die Braut hat, sagt Jesus, ist der Bräutigam. Ich sehe in den Menschen das Bild dessen, der sie erwählt und berufen hat.

Und ich messe das gemeinsame Leben der Menschen und der Völker an den Bildern von der Stadt, die sich in unsere Welt hereinsenkt.

Ich messe unseren Umgang mit der Welt an jenem Bild von der Braut, die ihrem Schöpfer entgegengeht. Und niemand sage, diese goldenen, transparenten, jenseitigen Bilder führten uns nicht unmittelbar in die Welt, von der die Tagesschau allabendlich berichtet.

Das letzte, äußerste Bild aber, das uns Menschen gezeigt ist, beschreibt die Offenbarung des Johannes. Da sagt Jesus: Wer überwindet, wer also sich von der Wirklichkeit, von der die Bilder reden, überwinden lässt, sich ihnen anvertraut und ihnen nachgeht, dem will ich einen weißen Stein geben, und auf dem Stein wird ein neuer Name stehen, den niemand kennt als der, der ihn empfängt.

Der Mensch mit seinem eigenen, nur ihm selbst gedeuteten Namen, der geliebte Mensch, dem Christus den Namen gibt und den er liebt, der Mensch in der Gestalt der Braut, das ist es, was wir einander vor Augen stellen sollten. Für heute und für unser Leben bis ans Ende.

5

Wiederkunft und kosmische Herrschaft

Unsere Hoffnung auf die
Offenbarung der Wahrheit

Eine Welt voller Rätsel

Der christliche Glaube spricht nicht nur in Bildern – die sind leicht zu verstehen –, er spricht auch in Rätseln und Widersprüchen. Er spricht davon, nach dem Elend auf dieser Erde folge der Trost ewiger Seligkeit. Er sagt: Nach den unauflöslichen Verwirrungen der Schicksale, die die Menschen auf dieser Erde erleiden, folgt die Klarheit, die Erlösung, die Erkenntnis, nach der Dunkelheit das Licht. Aber das erklärt zunächst einmal gar nichts, sondern setzt an die Stelle der vielen Rätsel, mit denen wir es in diesem Leben zu tun haben, neue, andere, ebenso unlösbare.

Selbst Christen, die an ein Ziel der Geschichte und des einzelnen Menschenlebens glauben, haben es schwer, auf die Frage zu antworten, warum Gott seine Menschen durch ein Leben mit so viel Elend, Schmerzen, Mühsal, so viel Schuld und Verzweiflung führt, warum so viele leiden, unschuldig und ohne Trost, und warum Gott nicht einen anderen Weg habe wählen können, um mit seinen Geschöpfen zu seinem Ziel zu kommen.

Ist dieses Leben sinnvoll durch den Glauben, der in den Menschen wächst, durch die Hoffnung, die sie führt, durch die Liebe, die von ihnen ausgeht – da doch das Leben so angelegt ist, dass die meisten unterwegs alles zusammen verlieren: die Liebe und die Hoffnung und den Glauben?

Gerade wer glaubt wird an seinem Glauben müde, wenn er durch die Jahrzehnte hin immer glauben soll und nie das Geglaubte schauen darf.

Gerade wer hofft wird es schwer haben, der Gegenwart Sinn abzugewinnen, die doch so wenig Ähnlichkeit hat mit dem, was er hofft.

Und gerade wer liebt wird es schwer haben, den Menschen über ihr Leid hinwegzuhelfen. Zu ratlos steht er selbst davor.

Und das Bild vom wiederkommenden Christus? Ist es nicht ein wenig kindlich, jedenfalls in der Form, in der die christliche Kunst und der christliche Kitsch es darzustellen pflegen? Was bringt es eigentlich?

Und das Gericht? Manche Christen sagen, im Gericht liege ein Trost. Aber ist das Gericht ein Trost, wenn es für die weit größere Zahl der Menschen die Not nicht endet, sondern verewigt? Haben Christen, haben die Theologen je etwas sagen können über den Sinn ewiger Strafen?

Aber selbst wenn das Ende der Geschichte die Not enden sollte, wenn Christus, der Wiederkommende, den Sinn öffnen würde, wird dadurch das Elend aufgehoben, nachträglich, so als hätten es die Menschen nicht hilflos, zum Teil unschuldig und ohne ein erklärendes Wort durchleiden müssen?

Was sagt das Evangelium eigentlich über die Zukunft der Welt und das Ende der Geschichte?

Wiederkunft des Christus

Die erste Gemeinde, die alle diese Fragen mit wachem Bewusstsein gestellt hat, stellte sich Bilder vor Augen, die Jesus in seinen Gleichnissen und in seinen Reden über das Ende gebraucht hatte.

Da ist das wunderbare Bild von jener Frau, jener geschmückten Braut, die auf der unendlichen Treppe vom Himmel herabsteigt, um ihrem Bräutigam zu begegnen, das die erste Gemeinde faszinierte. Aber diese Gemeinde der ersten Christen erwartete noch mehr. Für sie stand fest, dass so nicht nur der neue Mensch erscheinen werde, sondern auch Gott in der Gestalt des Jesus Christus. Er ist auferstanden von den Toten, sagten sie. Er ist zum Himmel aufgefahren. Er wird vom Himmel herab wiederkehren, um die Erde zu richten und die neue Erde und den neuen Himmel zu schaffen. Der Mensch also, in dem Gott und der Mensch eins sind, Christus, kommt und bringt der Welt das Gericht und die Erlösung. Was kann das uns bedeuten? Bei Lukas findet sich das Wort:

»Man wird den Sohn des Menschen
auf einer Wolke kommen sehen
mit großer Macht und Herrlichkeit.
Wenn aber dies zu geschehen anfängt,
dann richtet euch auf
und erhebet eure Häupter,
denn eure Erlösung beginnt.«   (Lukas 21, 27–28)

Zunächst sind es zwei Überzeugungen, die damit ausgedrückt sind. Erstens: Alles, was wir sehen, wird zu Ende gehen. Unser Tun und Denken haben ein Ende, unsere Freude, unser Leid, unsere Liebe, unser Hass. Ein Ende haben der technische Fortschritt und seine Folgen. Ein Ende haben die Staaten und die Völker, die Religionen und die Künste und die Wissenschaften. Nichts ist ewig. Alles wird einmal zu Ende gehen.

Zweitens: Dieses Ende ist nicht der finstere Abgrund, in den alles stürzt, nicht das Black-out, von dem die Futurologen reden. Das Ende ist eine Begegnung. Das Ziel ist nicht Zerstörung, sondern Erlösung, nicht Untergang der Schöpfung, sondern Neuschöpfung des Menschen und der Welt. Und darum, so sagt Jesus, richtet euch auf. Lasst nicht den Kopf hängen. Euch steht die Befreiung bevor.

Was dies alles zu bedeuten habe, formuliert deutlicher
noch der Brief an die Epheser in seinem erstaunlichen
ersten Kapitel:

»Gepriesen sei Gott,
der Vater unseres Herrn Jesus Christus.
Er hat uns erwählt von Anfang der Welt.
Aus Liebe bestimmte er uns zu Söhnen
durch Christus, den Sohn.
So war es sein Wille.

Das Geheimnis seines Plans
ließ er uns wissen.
Was er beschlossen, zu tun,
wenn die Zeit reif sei,
das hat er enthüllt:
das All der Welt unter ein Haupt zu fassen,
unter die Herrschaft des Christus,
was im Himmel und auf Erden ist.

Nun sind wir Söhne in seinem Haus,
Widerschein seines Lichts, wir,
die ihm zugewandt stehen
im Warten auf Christus . . .«   (Aus Epheser 1, 1–14)

Er sagt: Lasst uns das Ganze sehen! Lasst uns die Geschichte dieser Welt von ihrem Anfang bis zu ihrem
Ende ins Auge fassen! Lasst uns eine Linie ziehen vom
Anfang der Schöpfung bis zum heutigen Tag: die Linie,
die Gott gezogen hat. Denn ehe eine Welt war, sah Gott
uns Menschen und wusste, was er mit uns tun und erreichen wollte.
     Und lasst uns eine Linie ziehen von dieser Gegenwart
in die Zukunft, zum Ende hin, die Linie, die wiederum
Gott gezogen hat. Denn der Sinn unseres Weges in die

Zukunft ist eine Erwartung. Aus der Zukunft kommt das Licht Gottes, und wir sollen so in die Zukunft sehen, dass wir der Widerschein seines Lichts sind. Aus der Zukunft kommt Gefahr, gewiss. Aber eben dieser Gefahr wenden wir uns zu, aufrecht und zuversichtlich, denn aus ihr, mitten aus ihr, trifft uns das Licht.

Hat nicht Christus gesagt: Ich bin das Licht der Welt? Hat er nicht hinzugefügt: Ihr seid das Licht der Welt? Und meint er nicht damit: Ihr seid es, wenn ihr das Licht spiegelt, das euch entgegenkommt? Ihr seid es, wenn ihr Erwartende seid, Widerschein meines Lichts?

Das Weltbild macht Schwierigkeiten

Ich denke mir, dass die erste Gemeinde große Schwierigkeiten hatte, für das, was sie glaubte, was sie hoffte, was sie in der Zukunft kommen sah, eine angemessene Sprache zu finden. Sie wollte sagen: Am Anfang stehen der Plan und der Wille Gottes. Am Ende wird die Begegnung mit Jesus Christus stehen. Die Welt ist entstanden, sie wird vergehen, und zwischen Anfang und Ende läuft durch die Jahrtausende hin eine Geschichte, gewollt und gezielt und voll Dynamik.

Nun stellten die Menschen der damaligen Zeit sich die Welt aber nicht als eine dynamische Bewegung vor, sondern als ein gewaltiges, ruhendes, in sich kreisendes Gebäude. Oben stellte man sich den Ort Gottes vor, unten den Ort der Ferne von Gott, dazwischen den Ort des Menschen, im Spannungsfeld zwischen oben und unten.

Für uns Heutige ist die Welt eine ungeheure Bewegung, ein Prozess. Sie ist nicht ein Bauwerk, in dem es oben und unten gibt, sondern ein System von Kräften. Sie ist für uns nicht ein Zustand, sondern eine Entwicklung, ein Fluß von Veränderungen. Und sie ist es für uns nicht ohne maßgebliche Einwirkung christlicher Gedanken geworden.

Und eigentlich, so will mir scheinen, hat heute der christliche Glaube zum ersten Mal die Möglichkeit, sich so auszudrücken, wie es ihm entspricht. Die Christen der ersten Zeit waren an das Weltbild der Antike gebunden. So sprachen sie von Himmelfahrt als einer Bewegung von unten nach oben, sie sprachen davon, Christus sitze oben, in der Höhe, zur Rechten Gottes, und er werde von dort oben, aus der Höhe, wo die Wolken und die Sterne sind, wiederkehren. Sie waren damit, dass sie von einem Ziel der Geschichte sprachen, ihrer Zeit um Jahrtausende voraus, aber ihre Sprache war notwendig die Sprache ihrer Zeit, die Bilder, die sie gebrauchten, waren unvermeidlich aus den Vorstellungen ihrer Zeit genommen.

Sie sagten: Christus ist, wo Gott ist, und meinten: Also war er vor dem Anfang der Geschichte, wie Gott vor dem Anfang der Welt war. Dann lag schon in der Erzählung von der Erschaffung der Welt im Grunde das Evangelium verborgen, und die Schöpfung ist ein Hinweis auf den Christus, der in der Mitte der Zeit kommen sollte.

Sie sagten: Christus ist, wo Gott ist, und meinten: Also ist er in der Zukunft, die der Welt bevorsteht. Dann ist er der Repräsentant dessen, was über alle Katastrophen und Untergänge hinweg in der Zukunft stehen wird: des Reiches Gottes.

Sie sagten: Christus ist, wo Gott ist, und meinten: Also ist er hier, auf dieser Erde. Er ist der Bruder und Begleiter derer, die auf dieser Erde wandern. Also ist uns sein Geist nahe, sein schöpferischer, lebenschaffender Geist, der Geist des Glaubens und der Zuversicht.

Wenn sie also von der Zukunft sprachen, die ihnen und der Welt bevorstehe, dann bekannten sie: Was immer geschieht, zuletzt trägt alles die Züge jenes Jesus von Nazareth, das Gesicht des Bruders, das Gesicht des Leidenden und Sterbenden, das Gesicht des Überwinders von Tod und Hölle. Die Zukunft heißt letzten Endes Gott, und Gott tritt uns aus der Zukunft entgegen mit dem vertrauten Gesicht Christi. Wir schauen also nicht in die Zukunft mit der Angst vor Schrecken und Gefahren, sondern mit dem Vertrauen, das wir in Jesus Christus setzen.

Für uns ist die Welt ein Fluß von Entwicklungen. Aber die Gefahr, die wir fürchten, geht ja gerade von der Entwicklung aus, die möglicherweise nicht gesteuert ist und von der niemand weiß, in welche Leiden und Katastrophen sie uns führen wird. Heißt die Macht, die diese Entwicklung steuert, Zufall? Heißt sie Brutalität, Gedankenlosigkeit, Egoismus von Menschen? Liegt ihr ein rätselhaftes Programm zugrunde, das über Schicksal und Hoffnung der Menschen kalt oder teilnahmslos hinweggeht – oder bedient sich dieses Programm gar der miserabelsten Gesinnungen oder Fähigkeiten des Menschen, um den Menschen und seine Welt zugleich zugrunde zu richten? Ist das Experiment der Natur mit dem Menschen bereits gescheitert?

Wir sagen: Dadurch, dass Christus, der Auferstandene, in den Macht- und Liebesbereich Gottes einging, bekommt, was in Galiläa und Jerusalem geschah, Bedeutung für den Kosmos. Die letzte Macht liegt in der Hand des Gottes, den wir durch Jesus Christus kennen, und dieser Gott ist nicht über den Sternen, jenseits von Liebe und Leid des Menschen, sondern hier auf dieser Erde. Christus thront »zur Rechten« des Vaters, der Vater aber, der »weiß, wessen wir bedürfen«, ist überall. Himmel ist die liebende Nähe Gottes, und die »Rechte« ist die Macht, die von dem nahen Gott ausgeht.

Wir werden Gott begegnen, denn Gott hält uns umfangen von der Vergangenheit und von der Zukunft her. Dieser Gott aber wird nicht eine unbekannte Macht sein, nicht ein Zufall, nicht ein blindes Schicksal, er wird vielmehr das Gesicht tragen, das wir kennen: das Gesicht des Jesus Christus. Wir gehen also Christus entgegen. Wie das aussehen wird, können wir nicht wissen, und ich möchte vor all jenen warnen, die es zu wissen vorgeben. Aber es ist immerhin das einzig Gewisse, das die Zukunft für uns bereit hat.

Hat die Geschichte ein Ende?

Überraschend erscheint nun freilich, dass Carl Friedrich von Weizsäcker, dem niemand Unkenntnis dieser Zivilisation und der sie bestimmenden Technik und Wissenschaft vorwerfen wird, vor einiger Zeit gesagt hat, der wichtigste Glaubenssatz, den die Christenheit heute wieder neu entdecken müsse, sei der von der Wiederkunft Christi. Man meint, nicht recht gehört zu haben. Die Wiederkunft Christi? Also gerade der Satz, der der modernen Theologie der fünfziger Jahre am absurdesten erschienen war? Was soll uns aufgeklärten Menschen des 20. Jahrhunderts, deren Glaubenskraft im allgemeinen gerade noch bis zur Fantasiewelt von Science-fiction-Romanen reicht, die Behauptung, Christus werde wiederkommen, und dies sei die Zukunft und das Ende der Welt?

Als ich studierte, das ist nun fünfzig Jahre her, da galt ein Mensch, der von einem Ende der Entwicklung sprach, von einem Ende des Fortschritts, gar einem Ende der Weltgeschichte, als hoffnungslos gestört, auch und gerade unter Theologen. Natürlich geht es immer weiter! Natürlich wird es, nicht zuletzt durch den Einsatz des christlichen Glaubens, immer besser! Ohne

126

Ende. Wer daran zweifelt, »zählt nicht zu den Zurechnungsfähigen«, wie einer unserer Lehrer zu sagen pflegte.

Heute, eine Generation später, ist uns allen miteinander ganz ungewiss, was eigentlich weitergeht und ob etwas weitergeht und ob wir nicht vielleicht dicht vor dem Ende stehen, einem Ende irgendwelcher Art. Der christliche Glaube freilich war immer auf ein Ziel zu orientiert. Er hat von jeher gesagt: Die Pläne, die Gott mit seiner Welt verfolgt, sind sein Geheimnis, und die Geschichte kann durchaus ihr Ende erleben, wenn Gott das will. Der Tor rechnet damit, es werde immer weitergehen. Der Realist verlässt sich auf die Zuverlässigkeit Gottes. Der Tor hält für wirklich, was er sieht. Der Realist vermutet, dass es mehr Dinge und mehr Kräfte gibt zwischen Himmel und Erde, als er wahrnimmt. Der Tor mauert sich in die kleine Welt ein, in der naturgemäß von Gott her nichts geschieht, und er tut wohl daran, die Zukunft zu fürchten, da ja auch künftig nichts geschehen wird als das, was er, der törichte Mensch, vorbereitet.

Ich höre Christus sagen: Ich bin die Tür. Und ich höre dieses Wort immer mehr so: Ich bin die Tür, die aus dem Gefängnis der sogenannten Wirklichkeit ins Freie führt. Ich höre ihn sagen: Ich bin der Weg. Und höre: Ich bin der Weg, der weiter führt als in die Sackgassen, in denen ihr heute oder morgen auflaufen werdet.

Will ich aber wissen, was dieser Welt, was mir selbst bevorsteht, dann muss ich den kennen, aus dessen Hand sie kommt und in dessen Hand sie bleibt, der sie beendet oder weiterführt. Wenn ich wissen will, was bevorsteht, muss ich gerade nach den Faktoren fragen, von denen man heute meint, sie hätten keine bestimmende Kraft.

Was meint der Glaube an die Wiederkunft?

Was also meinen wir, wenn wir sagen, Christus werde
wiederkehren und dies sei das eigentliche Ziel der Geschichte? Wir meinen zunächst einmal nicht, die Entwicklung der Natur oder die Entwicklung des Menschen führe am Ende zu einem Punkt, an dem wir die
Natur oder den Menschen als vollkommen ansehen
könnten.

Man mag über den Aufstieg der Schöpfung im Lauf
von Milliarden Jahren sagen, er habe sein eigenes, ihm
eingestiftetes Gesetz. Man mag ihn als einen allmähli-
chen Prozess ansehen, in dem sich die Schöpfung über
lange Zeiträume hin vollzieht. Man mag der Meinung
sein, der Weltprozess verlaufe in Richtung auf zielstre-
big gewollte, gewusste und gesteuerte Differenzierung
und Vervollkommnung. Man mag feststellen, die Gesetze, nach denen diese Entwicklung verläuft, könnten
erkannt werden, wenn auch nicht notwendig verstanden. Aber all das meinen wir nicht, wenn wir von jenem
Ziel der Geschichte sprechen, das den Namen Jesus
Christus trägt. Wir sprechen von einem Geschehen, dem
die Entwicklung der Welt oder des Menschen begegnet.
Was heißt Wiederkunft?

Wie wird es zugehen, wenn die Welt an ihr Ende
kommt?, fragten die ersten Christen. Sie gaben sich die
Antwort: Das können wir im Einzelnen nicht wissen. Jedenfalls wird alles, was sich so dauerhaft und so souverän gebärdet hat, »wie ein Rauch vergehen«. Der Himmel, der sich so dicht verschlossen gab, wird sich »zu-
sammenrollen wie ein Teppich« und den Blick auf Gott
selbst freigeben.

Wiederkunft heißt also zunächst: In das, was die Welt
ist und werden kann, erfolgt ein Einbruch aus einer an-

deren Welt, in unsere Wirklichkeit oder das, was wir dafür halten. Um dies zu verstehen, bedürfen wir gewiss einer neuen Einübung in ein Denken, das darauf angelegt ist, den Rahmen unseres Schulwissens und unseres Routinedenkens zu überschreiten, in ein Denken, das nicht nur im Kopf stattfindet, sondern ebenso in der Seele mit all ihren Schichten bis hin in das leibliche, das sinnliche Erfahren. Glauben heißt dann: erwarten, dass dieses Erfahren und Denken und Ahnen einer Wirklichkeit begegnet, unter deren Wirkung die enge, uns vertraute Wirklichkeit ihre Ränder verliert und beginnt, in ein Fremdes überzugehen. Sicher ist: Das Neue, das Andere, entwickelt sich nicht, sondern kommt anderswo her und bricht in das Alte ein.

Was wird, wenn die Welt an ihr Ende kommt, mit uns, den Menschen, geschehen?, fragten die Christen der ersten Zeit. Antwort: Wir werden gewiss nicht bleiben, was wir sind. Wir werden uns verwandeln lassen müssen. Wiederkunft heißt also:

In das, was wir vom Menschen wissen mit seiner ganzen Geschichte und seiner ganzen Entwicklungsfähigkeit, in die Wirklichkeit des Menschen oder das, was wir dafür halten, bricht eine neue Menschengestalt ein.

Vom Menschen kann man heute sehr viel wissen. Aber in der Summe ist alles Wissen um den Menschen ein Wissen um seine Sterblichkeit. Für den nüchternen Betrachter ist der Mensch, ist er erst einmal entstanden, immer der Vergehende.

Wenn wir aber sagen: Christus wird kommen, dann bedeutet das, dass der Mensch der Wiederkommende ist, mit Christus, der das Bild des Menschen ist, das Bild des zukünftigen Menschen, wie Paulus sagt. »Und wie wir getragen haben«, fährt er fort, »das Bild des vergänglichen, so werden wir das Bild des zukünftigen

Menschen tragen.« Der Mensch kommt wieder, sagt Christus, und zwar als ein Verwandelter.

Was aber geschieht mit Gott? Wenn das Ende kommt, in welcher Gestalt wird uns Gott begegnen? Antwort: Gott ändert sich nicht. Aber unser Bild von ihm wird sich ändern. Und es ist zu vermuten, dass wir, wenn wir ihn plötzlich erkennen, erschrecken, dass dieser Gott der Heilige ist, der, vor dessen Licht das Grau in Grau unseres Daseins auf dieser Erde in seiner ganzen Armut offenbar wird. Wiederkunft heißt also:

In das, was wir von Gott wissen, in das Bild Gottes, das uns mehr oder minder vertraut ist, bricht die Wirklichkeit Gottes ein. Nicht nur das Bild der Welt und das Bild des Menschen werden plötzlich anders vor unseren Augen stehen, auch Gott selbst wird uns als der Fremde, als der ganz Andere, entgegentreten.

Wir pflegen uns darüber zu beklagen, dass Gott der Abwesende sei. Darüber, dass Gott, wenn wir ihn einmal wahrgenommen haben, alsbald der Weggehende sei. Aber dies eben sagt Christus, dass Gott der Wiederkehrende ist, und zwar im Bild des Christus, in dem wir ihn schon bisher geschaut haben, und doch ganz anders: als der ewige und heilige und alles verwandelnde Gott.

Ewiges Leben

An dieser Stelle versuchen viele unserer Zeitgenossen einen anderen Weg als den christlichen. Die Gedanken von Wiederverkörperung oder Seelenwanderung greifen in bemerkenswertem Maße um sich.

Da beginnt man mitten in einer von Technik und Wissenschaft bestimmten Welt über andere Welten nachzudenken, über das Leben nach dem Tode, über Engelwesen und dämonische Mächte. Da versucht man, den »Östlichen Weg« zu bedenken oder gar zu gehen. Man macht sich deutlich, dass das Leben des Menschen, wie immer es verläuft, am Ende eine Last von Irrtum und Versagen übrig lässt und dass es gilt, diese Last loszuwerden. Um sie abzutragen, beginnt der Mensch noch einmal von vorn auf dieser Erde. Er läutert sich. Er versucht, seinen Weg besser, klarer, reiner zu gehen – falls ihm das gelingt.

Nichts wird vergessen. Nichts wird vergeben. Nichts lassen wir hinter uns. Alles kommt noch einmal von vorn auf uns zu. Im Grunde ist es die Methode, die der Dressur einer Ratte zugrunde liegt, die immer noch einmal und noch einmal denselben Weg geschickt wird, bis sie ihn fehlerlos geht.

Was uns daran erschreckt, ist nicht so sehr dies, dass da an eine Fortsetzung unseres Menschenlebens nach dem Tode gedacht wird, vielmehr ist es die Unbarmherzigkeit, die harte Gesetzlichkeit, die sich darin ausdrückt, die geistige Mechanik, die da abläuft.

Wenn wir vom Weiterleben reden – meinen wir nicht etwas ganz anderes? Wir meinen doch nicht einfach eine Verlängerung dessen, was war? Wir meinen doch nicht allein den isolierten einzelnen Menschen, der seine Erlösung zu betreiben hat? Wir sagen doch, der Mensch sei Adam, also Teil eines großen Ganzen, Menschheit genannt. Wir sagen doch, das Ziel des Menschen sei, in Christus zu sein, also Teil eines geistigen Kosmos, der weit größer und umfassender ist als der einzelne Mensch und sein Schicksal.

Weiterleben muss ja nicht heißen: wieder auf sich selbst gestellt sein. Wir reden doch vom »mystischen Leib Christi« und meinen einen Leib, der mehr ist als die Summe seiner Glieder. Und wenn wir heute in der Psychologie nicht nur vom Bewusstsein reden, sondern auch vom Unbewussten, und nicht nur vom Unbewussten eines einzelnen Menschen, sondern von einem kollektiven Unbewussten als der eigentlichen Basis unseres seelischen und geistigen Lebens, also einer Grundlage, die breiter und tiefer ist als die Grundlage unseres individuellen Daseins, eine Herkunft, so breit eben und zeitlich so ausgedehnt wie die Menschheit – warum sollen wir uns nicht vorstellen können, dass das Ziel unseres individuellen Lebens wieder ein Gemeinsames ist, in das wir eingehen und in dem wir bewahrt und vollendet sind? Eine Art gemeinsam bewussten Daseins?

Geschieht nicht in Christus eine Geschichte, die sich in vielen einzelnen Lebensgeschichten ausformt, aber die doch breiter und länger ist als die Geschichte der vielen Einzelnen?

Und ist diese Geschichte nicht eine fortdauernde Schöpfung und eine fortdauernde Erlösung zugleich? Ist ihr Ziel nicht das, was Jesus das »Reich« nennt, und das wir, so meine ich, noch nicht annähernd begriffen haben? Und sagt nicht Paulus, am Ende gebe auch Christus, in dem die Geschichte der Menschheit sich erfüllt, seine Macht und seine Eigenheit an Gott zurück, »auf dass Gott sei alles in allem«?

Der Gedanke, dass die Menschheit in Christus eingeht, bedeutet aber, dass nichts einfach verloren und vergessen wird. Vielmehr wird alles »eingebracht«. Die Last des Irrtums und des Versagens ist für den Buddhisten das, was ihn bindet, was ihn hindert auf dem Wege zur Erlösung. Für uns Christen ist die Last unseres Lebens, auch wo sie »vergeben« wird, das heißt das Eingehen in den Christus nicht hindert, zugleich der Ertrag, der eingebracht wird in das All, das den Namen »Gott« trägt.

In Christus aber wird das scheinbar sinnlose Leiden seinen verborgenen Sinn offenbaren. Es wird sozusagen umgewendet. Einer meiner alten und verehrten Lehrer, Romano Guardini, gebrauchte immer einmal wieder das Bild von einem orientalischen Teppich. »Legen Sie«, sagte er, »einen solchen Teppich umgekehrt auf den Fußboden. Es wird Ihnen nicht gelingen, in den Wirrwarr der Farben und der Fäden Ordnung und Klarheit zu bringen. Das Gericht aber wird darin bestehen, dass der Teppich herumgeschlagen wird und wir das Kunstwerk schauen.«

Jüngstes Gericht

Das Gericht. In der Tat. Am Ende steht das Gericht. Was meint dieser Gedanke, vor dem so viele sich ängstigen? Das Schreckensbild am Horizont der Menschengeschichte? »Da wird des Menschen Sohn kommen auf den Wolken des Himmels.« Da wird »der König« die Menschen zu seiner Rechten oder zu seiner Linken stellen, und sie werden in die ewige Pein gehen oder in das ewige Leben. Ist der Gedanke vom Gericht, wie wir ihn gewöhnt sind auf unseren Bildern zu sehen, nicht noch unbarmherziger als die Seelenwanderung, die doch immerhin in die Erlösung münden soll?

Zunächst muss gesagt werden, dass das Wort »ewig« für uns einen falschen Klang hat. Es hört sich an wie »unendlich lange«, »unendliche Zeit«, »unendliche Erstreckung«. Olam, das hebräische Wort für Ewigkeit, meint aber das Ungeheure, das Gewaltige, das Heilige, das auf Gott Bezogene, das Gott ganz und gar Zugehörige, das Letztgültige, über das nicht hinausgedacht werden kann, das Verborgene auch, das Geheimnis, das Unantastbare, und nur im Hinblick auf irdische Verhältnisse wie die Regierungszeit eines Königs, die »ewig« dauern soll, gewinnt das Wort auch die Bedeutung: sehr lange Zeit. Zu biblischer Zeit dachte niemand an einen »unendlichen« Weltraum oder eine »unendliche« Zeit. Das ist modern gedacht. Niemand hat vor dem Aufkommen der modernen Physik und der neuzeitlichen Philosophie im Sinne zeitlicher Unendlichkeit gedacht, wenn er »Ewigkeit« sagte. Auch Jesus tat es nicht, wie er überhaupt unserem heutigen Denken viel fremder ist, als wir manchmal meinen.

Es ist ein Elend mit dem Kuddelmuddel zwischen christlichem Glauben und modernen Denkstrukturen. Was im Denken der Bibel Sinn hat, verliert ihn in der Regel, wenn man es in das Denken der Aufklärung und ihrer Nachfolgeepochen einzwängt. Vielleicht oder sicher steht uns da ein Denkprozess bevor, der die Bildersprache der Bibel in unserer eigenen, heutigen, angeblich »modernen« Seele wiederentdeckt. »Sinn« lässt sich nicht in den Denkformen der Wissenschaft ausdrücken. »Sinn« eröffnet sich ganz andersartigen Formen des Wahrnehmens, des Ergründens, des Aufschließens von Erfahrungen, als die Neuzeit uns gelehrt hat. Wollen wir die Bibel begreifen, dann müssen wir einen Schritt über das sogenannte »moderne Denken« hinaus tun und wieder das zu verstehen suchen, was die Moderne ausgespart hat.

Was also meinen wir, wenn wir Gericht sagen? Wir meinen jenen Einbruch der Wahrheit in das Gespinst unserer Gedanken über Gott, über die Welt und uns selber, von dem oben die Rede war. Gott aber, der Kommende, tritt uns, so sagt das Evangelium, in der Gestalt und mit dem vertrauten Gesicht des Christus entgegen. Christus also ist es, vor dem wir plötzlich als die stehen, die wir wirklich sind. Vor dem unsere Größe, unsere Bedeutung, unsere Leistung zu dem Nichts zusammenschmelzen, das sie in Wahrheit sind. Vor dem unsere Rechthaberei in ihrer ganzen Enge des Geistes und der Seele bloßliegt, unsere Lebenslüge in ihrer ganzen Ärmlichkeit. Unser feindseliger, gewalttätiger Wille in seiner hoffnungslosen Härte. Unsere Kälte und Anmaßung gegen Gott und die Menschen. Das Gericht wird sein, dass wir erstmals das Licht, in dem wir uns eigentlich spiegeln sollten, wirklich schauen und dann mit Petrus nur noch sagen können: »Herr, geh von mir, ich bin ein sündiger Mensch.«

»Ewige Pein« – das bedeutet, wenn wir Ewigkeit im biblischen Sinne denken: die uns ganz und gar und völlig ergreifende und niederschlagende Erkenntnis, wer wir sind – eine Erkenntnis, die uns vor dem alles durchdringenden Gott, dem heiligen und unbestechlichen, überfällt, was eigentlich sich im Laufe unseres Lebens abgespielt hat, was anderen Menschen durch uns wirklich widerfahren ist, wenn uns unsere Entschuldigungen genommen sind, unsere Ausflüchte, unsere Beschönigungen. Schutzlos vor dem heiligen Gott zu stehen – das muss Pein sein. Bodenloses Versinken. Schutzlos vor Gott zu sein und da gleichsam zu Asche verbrennen. Schutzlos vor Gott zu sein und da der Nichtigkeit inne werden, der wir uns selbst übergeben haben. Und Rettung im Gericht? Kann sie in etwas anderem bestehen als darin, dass eben dieser heilige Gott uns nicht versinken, nicht verbrennen, nicht zu Nichts werden lässt? Kann man über das Gericht mehr sagen? Ich meine, mehr und Genaueres, mehr vor allem über Lohn und Strafe zu sagen, sei weder möglich noch geboten.

Wann soll das geschehen?

Was trägt das alles aus für die Hoffnung, mit der wir heute und hier die Welt annehmen? Doch die Ahnung, dass, wenn der Mensch alles verspielt hat, wenn ihn die Folgen seines Tuns einholen, wenn seine Bitterkeit allen Glauben ausgelöscht, sein Schuldbewusstsein alles Vertrauen niedergetreten, sein Hass jedes gute Wort erstickt hat, wenn also der Mensch alles getan hat, sich und die Erde umzubringen, Gott noch nicht am Ende sei. Seine schaffende Kraft ist nicht zu erschöpfen, und sie bringt einen neuen Menschen und eine neue Welt hervor. Der Mensch ist also nicht so mächtig, wie er zu seinem eigenen Entsetzen heute zu glauben anfängt, und seine Ohnmacht ist zugleich sein Trost. Nicht einmal der Tod, wie er meint, begrenzt schließlich die zerstörende Anmaßung, vielmehr ist es Gott selbst, der Lebendige und Lebenschaffende, der dem Vernichtungswillen des Menschen eine Grenze setzt.

Wenn ich aber nun gefragt werde: Wann wird das sein? Wenn also die uralte Frage gestellt wird, die schon die Jünger an Jesus gerichtet haben, von der die Urgemeinde erschüttert war und die die Kirche in den Jahrhunderten ihrer vitalsten und lebendigsten Epochen unermüdlich gestellt hat und die bis heute nicht zur Ruhe kam, dann antworte ich mit einem Wort von Blaise Pascal, der vor dreihundert Jahren gesagt hat:

»Es gibt eine Wahrheit, in deren Glut die Zeit verbrennt.«

Er will sagen: Gott ist ein Feuer. Wo Gott uns begegnet, da zerfällt das Bild dieser Welt zu Asche. Da schmilzt die Zeit ein. Da öffnet sich eine Dimension, in der wir mit unseren Erfahrungen und unseren Maßstäben nichts mehr anfangen.

Wann wird das sein? Jesus selbst hat geantwortet:

Über den Zeitpunkt weiß niemand etwas, auch ich nicht und nicht einmal die Engel im Himmel. Das weiß Gott allein. Die Frage ist demnach müßig. Und wie fromm und rechtschaffen immer diejenigen gewesen sein mögen, die in den zwei Jahrtausenden seitdem immer wieder gemeint hatten, ihnen sei der Zeitpunkt bekannt, wie ehrlich es immer jene meinen mögen, die heute von der unmittelbar bevorstehenden Wiederkunft Christi reden – mehr als Träume, Vermutungen, Konstruktionen oder fromme Wünsche hat niemand anzubieten.

Das liegt aber nicht nur an der Kurzschlüssigkeit, mit der da und dort gedacht wird, es liegt vielmehr in der Sache selbst. Wer will überhaupt die Frage »Wann?« sinnvoll stellen, wenn vor Gott Vergangenheit, Gegenwart und Zukunft eins sind? Sind wir, wo Gott handelt, nicht auf alle Fälle die Erwartenden und die Empfangenden zugleich? Gilt nicht »gleichzeitig«, dass Gott gegenwärtig ist und abwesend? Dass wir haben, was wir suchen, und es noch nicht haben? Dass wir erlöst sind und dennoch mit unseren Fesseln und Bindungen zu kämpfen haben? Dass wir die neue Welt schauen und doch die alte vor Augen haben? Ist nicht, was wir als Widerspruch empfinden, nur ein Zeichen dafür, dass wir an der Stelle stehen, an der die Wirklichkeit Gottes schon heute in unserer Welt gegenwärtig und wirksam ist? Und worauf kommt es, wenn dies so ist, an? Auf die Spekulation, die Lösungen sucht? Ich meine, nur auf eins: auf die Umkehr unserer Gedanken und unseres Herzens.

Zeit des Wartens

Eine letzte Frage: Ist das nun eine Flucht vor den Aufgaben, die die soziale und politische Wirklichkeit von heute uns zumutet?

Ich meine, wir seien über die Zeit unvereinbarer Alternativen hinaus. Noch vor zehn Jahren galt es vielen als billige Ausflucht, an ein individuelles Weiterleben nach dem Tode zu glauben oder ein Ende zu bedenken, dem das Reich Gottes folgen würde, und die Wandlung aller Dinge von drüben her.

Umgekehrt gilt es noch immer in anderen Kreisen als ein Verrat an der großen Hoffnung der Christen auf Gottesreich und Menschenerlösung, wenn Christen sich engagieren wollen für die Befreiung der Unterdrückten, die Rettung der sozial Bedrohten oder den Sturz der Mächtigen und Reichen in dieser Welt.

Warum sollten wir hier wählen müssen? Geh hin, sagt Jesus, und tu etwas. Der Menschen, die unter die Mörder gefallen sind, liegen Millionen vor dir! Steh auf, hebe den Kopf, deine Erlösung kommt, sagt Jesus ebenso unüberhörbar. Sie kommt nicht durch deine soziale Tat, sondern von oben, von drüben, von außen, wie immer du die größere Wirklichkeit Gottes beschreiben willst.

Die Zukunft unserer Kirche wird davon abhängen, ob wir die Hoffnung, die sich mit unserer eigenen Tat verbindet, und die Hoffnung, die sich an Gottes freier, souveräner Zukunft festmacht, miteinander verbinden können. Der Kampf für den Frieden auf dieser Erde muss weitergehen mit Dringlichkeit und ohne Bedenklichkeiten. Und der Friede, der von Gott ist, muss durch uns zu den Herzen und Gewissen kommen, und sollte sich dadurch in dieser Welt nichts ändern, außer dass das Herz eines einzelnen Menschen getröstet wird. Die Zeit des Wartens ist auch die Zeit der Tat.

Die Zukunft, die mir persönlich bevorsteht, ist mir wichtig. Die Zukunft, die uns allen bevorsteht, wenn wir unsere letzte Stunde durchschritten haben, ist wichtig. Aber das andere ist auch wichtig: die Zukunft unserer Kinder und der Enkel auf diesem Erdball. Und wer die Botschaft Christi ernst nimmt, wird beides mit gleichem Ernst anfassen: die Arbeit für die Zukunft auf dieser Erde, die wir persönlich nicht erleben, und die Sorge um die Zukunft in jenem fremden anderen Lande, das wir nach unserem Tode betreten. Wo eines von beiden fehlt, ist Christus nicht verstanden, nicht gehört oder nicht geglaubt.

Während wir aber wirken und schaffen auf dieser Erde, richten wir uns, wie Jesus sagt, auf, immer wieder, heben den Kopf und schauen. Sehen das Bild von dem Christus, der uns entgegenkommt, ihn, der das Licht ist, und wünschen uns zugleich, es möge in unserem Gesicht sich etwas davon spiegeln, wir mögen für die Menschen um uns her ein wenig Licht sein.

6

Der leidende Gottesknecht

Unsere Hoffnung auf den Wandel

Die Wende

Zwischen den Jahren 550 und 540 etwa, also ungefähr vierzig Jahre nach der Zerstörung Jerusalems, lebte in Babylon unter den Verbannten am Kanal Kebar ein Mann, den wir nicht mit Namen kennen und der doch zu den größten Gestalten nicht nur der Bibel, sondern überhaupt der religiösen Geschichte der Menschheit zählt. Da ein paar schriftliche Aufzeichnungen von ihm in der zweiten Hälfte des Buchs Jesaja stehen, angehängt an die Schriften des wirklichen Jesaja, der um 700 in Jerusalem gewirkt hatte, in den Kapiteln 40–55, nennt man ihn den Zweiten Jesaja oder mit dem griechischen Ausdruck Deuterojesaja. Ob er Jerusalem als Kind noch gesehen hat oder ob er die Heimat im fernen Judäa nur vom Erzählen kannte, wissen wir nicht, aber wahrscheinlicher ist, dass er in der Gefangenschaft geboren und aufgewachsen ist.

Inzwischen war aus den Gefangenen eine Art eingesessener babylonischer Bevölkerung geworden. Viele hatten es aufgegeben, auf Rückkehr zu hoffen. Warum auch sollten sie zurückkehren in das zerstörte, versteppte Land, in dem die Äcker und die Häuser längst anderen Leuten gehörten? Was auch sollten sie sich vom Tempel in Jerusalem erhoffen und vom Glauben der Väter, da doch, allen Erzählungen des alten Priesters zum Trotz, der Staat und das sakrale Imperium der Priesterschaft Babylons unerschüttert standen, während über dem Hügel des Tempels ihres Gottes mittlerweile das Gestrüpp wuchs?

Er ging in seiner Deutung, wer Gott sei, so weit, dass seine Erkenntnis eine Brücke bis unmittelbar zu Jesus

Christus schlägt, über fünf Jahrhunderte hinweg. Wenn die sogenannte Schwellenzeit auch für die Geschichte der biblischen Offenbarung ihren Sinn, ihre Bedeutung hatte als die Zeit der entscheidenden geistigen Durchbrüche in der Geschichte der Menschheit, dann darum, weil in ihr der Zweite Jesaja lebte und wirkte.

Sein Buch beginnt mit einem andringenden Ruf:

»Tröstet, tröstet mein Volk,
spricht euer Gott!
Redet freundlich zu Jerusalem
und ruft ihm zu:
Sein Sklavendienst ist erfüllt,
seine Schuld ist gebüßt.
Denn es hat doppelte Strafe empfangen
für alle seine Sünden.
Horch! Da ruft einer:
Durch die Wüste bahnt einen Weg
für den Herrn.
In der Steppe ebnet eine Straße unserem Gott.
Jeder Berg und Hügel soll sich senken!
Jedes Tal soll sich heben.
Zerklüftetes Land soll eben werden
und die schroffe Höhe zum flachen Grund,
denn die Herrlichkeit des Herrn
wird sich enthüllen,
und alle sollt ihr zuschauen!
Ja! So ist es.
Der Mund Gottes hat es geredet.«   (Jesaja 40, 1–5)

Der Prophet schaut eine Szene im Himmel: Er sieht in den geistigen Raum hinein, in dem der Lauf der Geschichte auf dieser Erde entschieden wird; Gott selbst hört er sprechen inmitten seiner himmlischen Diener und Boten: Auf! Geht nach Babylon und tröstet die

144

Menschen am Kanal Kebar! Und ihr: Geht nach Jerusalem und redet freundlich zu dem armen Volk, das dort wohnt! Denn zweimal ist Jerusalem gestraft: mit Zerstörung und Elend im Land und mit der Vertreibung nach Babylon. Es ist genug.

Danach hört der Prophet, wie eine der himmlischen Stimmen den Befehl Gottes aufnimmt und ihn an einen anderen Diener weitergibt: Lasst uns anfangen! Das Volk muss nach Hause geführt werden. Nicht auf den krummen Wegen, auf denen es hergetrieben wurde, nein, geradewegs durch die Wüste. Auf einer Prachtstraße wird Gott seinem Volk vorausziehen, und alle Welt soll es sehen!

Zuletzt wendet sich die Stimme an ihn, den Propheten, selbst und bezieht ihn gleichsam in den himmlischen Mitarbeiterstab ein:

»Verkündige!
Da fragte ich: Was soll ich verkündigen?
und hörte die Stimme sagen:
Dies: Alles Fleisch ist Gras
und alle seine Schönheit
wie die Blume des Felds.
Das Gras dorrt, die Blume welkt,
wenn Gottes Hauch sie anweht.
Wahr ist's! Gras ist das Volk!
Das Gras verdorrt, die Blume welkt,
aber das Wort unseres Gottes
bleibt in Ewigkeit.«   (Jesaja 40, 6–8)

Wenn der gefürchtete Schirokko aus der Wüste über das Kulturland weht, verdorrt das Gras in Stunden. Aber der Wind der Geschichte ist ein Instrument in der Hand Gottes. Und wenn der Gotteswind über die Wasser der Urflut dahinfuhr, dann entstand auf Gottes Befehl hin Neues: eine Zukunft, die auf Ewigkeit angelegt ist.

Der Prophet darf reden. Allem Augenschein entgegen darf er sagen: In den Augen Gottes ist die Wende schon eingetreten. Es ist beschlossen! Wir werden heimkehren! Was droben besprochen wurde, das wird auf der Erde geschehen. Es wird etwas eintreten, das ihr kennt: Wenn am babylonischen Neujahrsfest die Prozession der Götter über die Prachtstraße zieht und das Volk jubelnd mitströmt, wenn auf den Wagen Marduk thront, Ischtar, Sin und Schamasch und wie sie alle heißen, die goldenen Scheinbilder von Gott, dann wird dies ein ärmliches Schauspiel sein gegenüber dem Triumph unseres Gottes, der uns voraus durch die Wüste nach Zion heimkehrt!

Die Zuhörer widersprachen: Wer ist denn dieser Gott, von dem du sprichst? Was richtet er denn aus gegen die Macht der Götter, von denen du behauptest, sie hätten keine Macht? Und der Prophet erwidert:

»Wisst ihr das nicht?
Habt ihr es nicht gehört?
Hat man es euch nicht von Anfang an gesagt?
Der über dem Erdkreis thront –
der macht die Fürsten
und die Herrscher der Erde zunichte.
Kaum sind sie gepflanzt, kaum gesät,
kaum wurzelt ihr Stamm in der Erde,
da bläst er sie an und sie verdorren,
und der Wind trägt sie davon wie Spreu.«

(Jesaja 40, 21–24)

Das sagt man von Marduk auch. Von Baal und von all den großen Göttern!

»Wem wollt ihr mich vergleichen,
dass ich ihm ähnlich sei, spricht Gott?«
fährt der Prophet fort.
»Wer hat denn diese Gestirne geschaffen?
Er allein, der ihr Heer abgezählt herausführt
und sie alle mit Namen ruft.« (Jesaja 40, 25–26)

Aber uns sieht er nicht! ruft man ihm entgegen.
»Warum sprichst du, Israel«, antwortet der Prophet,
»mein Weg ist vor Gott verborgen?
Mein Recht berührt ihn nicht?
Weißt du nicht? Hast du nicht gehört?
Ewiger Gott ist Jahwe,
der die Enden der Erde schuf.
Er wird nicht müde noch matt.
Unerforschlich ist seine Einsicht.
Er gibt dem Müden Kraft
und Stärke genug dem Unvermögenden.
Jünglinge werden müde und ermatten,
junge Männer fallen,
aber die auf Gott hin gespannt bleiben,
empfangen neue Kraft,
Schwingen wie Adler.
Sie laufen und werden nicht matt.
Sie gehen und werden nicht müde.« (Jesaja 40, 27–31)

Die Zuhörer waren, so scheint es, keineswegs begeistert
von der Aussicht, die der Zweite Jesaja ihnen eröffnete.
Zu wenig hatten sie von der Nähe dieses Gottes erfahren und den Visionen dieses Mannes zu vertrauen, dazu
fehlte ihnen die Kraft.

Der Prophet hielt ihnen zweierlei entgegen: Wenn ich
Gott sage, meine ich erstens die umfassende Macht, die
diese Welt umgreift. Wenn ich Gott sage, meine ich
zweitens den umfassenden Willen, der am Anfang

stand, der die Geschichte in Gang setzte, der die Wege der Völker vorzeichnet und an ihr Ziel führt. Dieser Gott sieht, was am Kanal Kebar gelitten wird. Er hat seine Absicht offenbart: Rettet die Verlassenen. Darauf sollt ihr, darauf dürft ihr eure Zuversicht setzen:

»So spricht der Herr, der im Meer einen Weg
und in starken Wassern eine Bahn macht,
der ausziehen lässt Wagen und Rosse,
Heer und Macht,
dass sie auf einem Haufen liegen
und nicht mehr aufstehen,
dass sie verlöschen, wie ein Docht verlöscht:
Denkt nicht mehr an das Vergangene,
achtet nicht auf das Vorige.
Denn seht, ich schaffe ein Neues ...
Ich bahne einen Weg durch die Wildnis
und spende Wasser in der Wüste.«   (Jesaja 43, 16–19)

Also redete er immer wieder von jenen Geschichten des Erzählers, von jenem Auszug aus der Sklaverei in Ägypten, gebrauchte er die Bilder vom Weg im Meer und vom Untergang eines bewaffneten Heeres.

Aber nicht in Hast und Eile werdet ihr ausziehen wie damals, sondern gelassen, in Frieden und unter dem Schutz Gottes. Erinnert ihr euch nicht? Das hat man euch doch erzählt, wie die Väter durch den Sirbonischen See gingen, auf dessen Grund nach dem Glauben der Menschen der große Drache hauste, wie sie auf dem trockenen Weg gingen, unbehelligt durch die Gefahr aus dem Abgrund?

»Warst du es nicht«, ruft der Prophet Gott an,
»der das Meer austrocknete,
die Wasser der großen Tiefe,

der den Grund des Meeres zum Weg machte,
dass die Erlösten hindurchgingen?
So werden die Erlösten des Herrn heimkehren
und nach Zion kommen mit Jauchzen.«

(Jesaja 51, 9–11)

Vier Lieder vom Erwählten

Der große Seher und Prediger, Denker und Dichter
fand keinen Widerhall. Er begegnete wohl erst dem un-
gläubigen Staunen, dann dem Widerspruch, dann der
Resignation, zuletzt dem Hass und schließlich entle-
digte sich die überforderte oder enttäuschte Gemeinschaft der Verbannten seiner auf irgendeine blutige
Weise.

Es sind vier Lieder überliefert, in denen wir Weg und
Geschick dieses Mannes ahnen können:

»Seht, hier ist mein Knecht! Ich halte ihn!
Mein Erwählter, an dem ich mich freue.
Ich habe ihm meinen Geist gegeben
und er wird meine Wahrheit
unter die Völker tragen.
Er wird weder schreien noch rufen,
noch lärmen auf den Gassen.
Er wird das geknickte Rohr nicht zerbrechen
und den noch glimmenden Docht
nicht auslöschen.
In Treue trägt er die Wahrheit hinaus.
Er selbst verlischt nicht und zerbricht nicht,
bis er die Wahrheit aufrichtet auf Erden
und die fernsten Inseln
seine Weisung empfangen.

So spricht Gott, der Herr,
der den Himmel schuf und wölbte,
der die Erde machte und ihr Gewächs,
der dem Menschen den Atem gab
und den Geist allen, die über die Erde gehen:
Ich, der Herr, habe dich in Gnaden berufen.
Ich halte deine Hand und behüte dich.
Ich habe dich unter die Menschen gesandt,
dass du sie zu mir bringst
und meine Barmherzigkeit zu ihnen.
Blinden sollst du die Augen öffnen,
die Gefangenen aus dem Gefängnis führen
und aus dem Kerker alle,
die in Finsternis sind.«   (Jesaja 42, 1–7).

Die himmlische Szene wiederholt sich und Gott wendet
sich in Anwesenheit seines Propheten an seine himmlischen Diener: Das ist mein Knecht! Der Knecht selbst,
der dies danach den Menschen vorträgt, berichtet: So
spricht der Herr: Ich mache dich zu einem Licht für die
Völker.

Das zweite Lied ist ein Dankhymnus, in dem der Prophet sich angesichts zunehmender Widerstände und
Schwierigkeiten auf den Auftrag Gottes beruft und in
ihm seine Gewissheit wiedergewinnt:

»Hört mir zu, ihr Inseln,
ihr Völker in der Ferne, merkt auf!
Der Herr hat mich berufen
vom Mutterleib her,
vom Mutterschoß an mich beim Namen genannt.
Er machte zum scharfen Schwert
meinen Mund,
bedeckte mich mit dem Schatten seiner Hand.

Er machte mich zum spitzen Pfeil
und barg mich in seinem Köcher.
Er sprach zu mir: Du bist mein Knecht,
durch dich zeige ich meine Herrlichkeit.
So wurde ich hoch geachtet
in den Augen des Herrn,
mein Gott war meine Kraft.
Ich aber dachte, ich arbeitete vergeblich
und verzehrte meine Kraft umsonst,
wo doch mein Recht
bei dem Herrn bewahrt ist
und mein Lohn bei meinem Gott.

Nun aber spricht der Herr,
der mich vom Mutterleib an
zu seinem Knecht bestimmte,
dass ich Jakob zu ihm heimbringe
und Israel zu ihm sammle:
Zu wenig ist es für dich,
dass du mein Knecht bist,
nur um die Stämme Jakobs aufzurichten
und die Übrigen Israels wiederzubringen.
Ich mache dich vielmehr zum Licht der Völker,
damit die Kunde von meinem Heil
reiche bis an das Ende der Erde.«   (Jesaja 49, 1–6)

Das dritte Lied ist eine Klage über die Mühe und Qual
seines Amtes:

»Der Herr hat mit eine Zunge gegeben,
wie Jünger sie haben,
dass ich wisse mit den Müden
zur rechten Stunde zu reden.
Der Herr hat mir das Ohr geöffnet.
Ich bin nicht ungehorsam

und weiche nicht zurück.
Ich bot meinen Rücken denen,
die mich schlugen,
die Wangen denen, die mich rauften.
Mein Angesicht verbarg ich nicht
vor Schimpf und Speichel.
Gott, der Herr, hilft mir,
darum werde ich nicht zuschanden.«

(Jesaja 50, 4–10)

Und endlich bringt das vierte Lied einen Rückblick auf eine Katastrophe: die Verfolgung des Knechts, seine Verurteilung und Tötung. Das Lied beginnt damit, dass Gott spricht und sich zu seinem Knecht bekennt:

»Siehe, mein Knecht siegt.
Er ist erhaben, hoch über allen ist er,
die bedeutend sind unter Menschen.
Viele erschraken vor ihm,
denn er war schrecklich entstellt
und nicht schön wie andere Menschen.
Aber er wird nun viele Völker versöhnen,
und Könige werden
staunend den Mund schließen.
Nie Erzähltes schauen sie
und hören nie Gehörtes.«

(Jesaja 52, 13–15)

Danach nimmt eine Gruppe von Menschen das Wort. Sie hatten früher anders über den Knecht gedacht als nun, nach seinem Tode. Sie überprüfen ihre Meinung über ihn, und es klingt, als hätten sie sich nun vor Gott für ihr Missverstehen zu verantworten.

»Wer konnte denn der Kunde glauben,
die uns wurde,

wer konnte verstehen, was Gott tat?
Er wuchs kümmerlich auf wie ein Reis,
das in dürrem Erdreich wurzelt.
Er hatte keine erhabene Gestalt,
keine Hoheit, keinen Glanz.
Wir sahen ihn, aber er gefiel uns nicht.

Ausgestoßen war er, von Menschen gemieden,
ein Mann der Schmerzen,
mit Krankheit belastet,
so verachtet,
dass man das Gesicht vor ihm verbarg
und ihn für nichts hielt.

Aber das ist wahr: Er trug unsere Krankheit
und lud unsere Leiden sich auf.
Wir meinten, Gott habe ihn gestraft.
Um seiner Schuld willen
habe Gott ihn geschlagen und erniedrigt.
Aber er wurde durchbohrt
unserer Untreue wegen,
misshandelt um unserer Verschuldung willen.
Die Strafe liegt auf ihm,
damit wir Frieden hätten,
und durch seine Wunden sind wir geheilt.

Wir alle irrten umher wie die Schafe,
ein jeder sah auf seinen Weg,
aber der Herr warf unser aller Verschulden
auf ihn.

Er wurde misshandelt und beugte sich,
doch er tat seinen Mund nicht auf
wie ein Lamm,
das man zur Schlachtbank führt,

wie ein Schaf,
das verstummt vor seinem Scherer.

Aus Haft und Gericht wurde er weggerafft,
doch wer bedenkt sein Geschick?

Denn er ist weggerissen
aus dem Lande der Lebendigen,
für die Untat meines Volks hingerichtet.
Man gab ihm bei Gottlosen sein Grab,
bei Übeltätern seine Grabstätte,
obwohl er niemand Unrecht getan hat
und kein Trug in seinem Munde war.

Aber der Herr wollte ihn
mit Leiden zerschlagen,
als er sein Leben zur Sühne hingab.
Nach der Last seines Lebens
wird er Licht schauen
und sich an Fülle sättigen.«   (Jesaja 53, 1–11)

Am Ende bestätigt Gott noch einmal, was die Gemeinde verstanden hatte:

»Durch seine Erkenntnis macht mein Knecht,
der Gerechte, die Vielen gerecht.
Denn er gab sein Leben dahin
wie eine Strafe für Aufrührer.
In Wahrheit aber trug er die Sünden
der Vielen
und trat für die Empörer ein.«   (Jesaja 53, 11–12)

Was war geschehen? Der Gottesknecht, den wir unter
dem Namen des Zweiten Jesaja kennen, war offenbar
keine imponierende Gestalt, sondern wohl eher klein

154

und unscheinbar, vielleicht gar hässlich und unansehnlich, entstellt oder behindert. Vielleicht auch war er später aussätzig, so dass man ihn mied. Aber vielleicht auch ist gemeint: Er war durch Misshandlungen entstellt, durch die Geißel oder die Folter. Denn dies ist deutlich: Die Frommen nahmen sein Wort nicht an. Die weniger Frommen verhöhnten ihn. Vielleicht verklagten sie ihn bei der babylonischen Regierung als Empörer. Vielleicht wurde er in einem Ketzergericht zusammengeschlagen und hingerichtet und schließlich bei den Verbrechern verscharrt.

Das Lied, in dem sich eine Gruppe von Menschen nach anfänglichem Missverstehen zu ihm bekennt, könnte von Schülern oder Freunden, vielleicht aber auch von der ganzen Gemeinde gesprochen sein: Der verachtete Mann hatte also doch eine Botschaft! Der Wille Gottes geschah offenbar doch und gerade in dem abstoßenden Vorgang seines Sterbens!

Vielleicht war es die Art seines Leidens, die sie wachgerüttelt hat, die Ergebung, die sie erlebten, als er seinen Mund nicht auftat, sich nicht wehrte, nicht verteidigte, sondern seinen Weg schweigend und gütig ging, zuletzt noch bedeutend für sein Volk. Auf alle Fälle erkannten sie, dass er Worte gesagt hatte, die nun nicht nur für Israel wegweisend und befreiend waren, sondern auch für alle anderen Völker, auch für Babylon.

Aber was eigentlich warf man ihm vor? Wo lag der Grund für das Todesurteil, ob es nun ein Gericht aussprach oder das Volk es im Stil eines öffentlichen Totschlags vollzog? Es ist eine allgemeine Erfahrung, dass das Neue, das ein Denker oder Prophet ausspricht, selten als Befreiung empfunden wird, sondern eher als Bedrohung, auch wenn es in Wahrheit Befreiung bringt.

Als man ihn fragte, mit welchem Recht er als Einzelner behaupte, er tue das im Namen Gottes, da griff er

155

nach der höchsten Autorität, die unter ihnen galt, und
verglich sich mit Abraham:

»Hört mir zu, die ihr Gerechtigkeit sucht,
die ihr den Herrn erkennen wollt!
Schaut den Felsen an,
aus dem ihr gehauen seid,
und des Brunnens Schacht,
aus dem ihr gegraben seid:
Abraham, euren Vater,
und Sara, die euch geboren hat.
Denn als Einzelnen hat ihn Gott berufen,
ihn zu segnen und zu mehren.«   (Jesaja 51, 1–2)

Auch Abraham war ein Einzelner, und er war der Er-
wählte. Als Jesus ähnlich auftrat mit dem Wort »Ich war
vor Abraham« und »Wer mich sieht, sieht den Vater«,
hoben sie Steine auf um ihn zu steinigen. Und hat der
Zweite Jesaja nicht über den Anspruch aller Propheten
hinaus, die von Gott zu ihrem Volk gesandt waren, behauptet, er sei berufen, ein Licht für alle Völker zu
sein?
    Noch mehr: Ist dieser Mann nicht in höchstem Grade
lebensgefährlich für die Verbannten? Was geschieht,
wenn die Babylonier hören oder lesen:

»Schüttle den Staub ab, steh auf,
Jerusalem, du Gefangene!
Mach dich los von dem Halseisen,
du gefangene Tochter Zion!
Denn so spricht der Herr:
Eure Peiniger haben nichts für euch bezahlt,
sie sollen auch nichts für euch bekommen!«
                                        (Jesaja 52, 2–3)

Ist das nicht der offene Aufstand? Mussten sie sich dieses Menschen nicht entledigen, so schnell und so deutlich wie möglich, damit sie nicht alle zusammengeschlagen würden? Ist es nicht besser, fragte Kaiphas, der Hohepriester, sechshundert Jahre später, dass dieser eine, Jesus, stirbt, als dass das ganze Volk von den Römern massakriert wird?

Vielleicht wurde der Zweite Jesaja den Babyloniern ausgeliefert ähnlich Jesus, dem man die Anklage mitgab: Er predigt den Aufstand! Und wie Jesus Pilatus gegenüber schwieg, so tat er seinen Mund nicht auf, als man ihn zu Tode brachte. Und wie von Jesus ist von ihm gesagt: Er betete für seine Henker.

Es muß wie ein Schock in die Gemeinde der Verbannten hineingefahren sein, die ja sein Sterben erlebte und sah, wie man ihn bei Verbrechern verscharrte, als der erste anfing zu fragen: Ist er nicht im Grunde für sein Volk gestorben, das sich so entsetzlich an ihm versündigt hat? Hat er uns nicht eine Erkenntnis geschenkt, die uns frei macht, freier als wir selbst auf dem Heimweg nach Jerusalem werden könnten?

Die Überlieferung spricht von diesen Vorgängen im übrigen nicht. Vielleicht war der Skandal zu unerträglich. Aber das ist gewiss: Wenn es im Alten Testament überhaupt irgendeine geradlinige Prophetie auf Jesus Christus hin gibt, dann liegt sie in dem Wort und dem Geschick, in der Person und der Ausstrahlung des Zweiten Jesaja an den Wassern zu Babel. Es ist nicht zufällig, dass Jesus zu Beginn seiner Wirksamkeit, als Motto für sein Werk, Worte dieses Zweiten Jesaja auf sich selbst bezog:

»Der Geist des Herrn ist bei mir.
Er hat mich eingesetzt,
tröstliche Nachricht zu bringen den Armen.

Er hat mich gesandt
zu zeigen den Gefangenen ihre Freiheit
und den Blinden das Licht,
Misshandelte zu erlösen
und die Zeit anzukündigen,
in der Gott Heil gibt.«   (Lukas 4)

Wie bei Jesus aber handelte es sich, als man politische
Gründe anführte, um ihn anklagen zu können, allenfalls
um einen Vorwand. Die wirklichen Gründe lagen tiefer.
So auch beim Zweiten Jesaja. Der hatte eine große Zukunft prophezeit: Neuschöpfung der Erde. Verwandlung der Wüste in fruchtbares Land. Eine große Straße
für die Heimkehr. Die leuchtende Gegenwart Gottes
auf dem Zion. Jerusalem Mitte einer anbetenden Völ-
kerwelt. Aber nichts von alledem traf ein.

Vielleicht hat es zunächst Menschen gegeben, die sich
an seinen Bildern festhielten, die sie so wörtlich nahmen, wie sie klangen. Vielleicht gab es einen Augenblick, in dem die Hoffnung auf die nahe, große Zukunft
und die Verwandlung aller Dinge tatsächlich auf-
flammte. Aber dann kam die lange Zeit, das vergebliche
Warten, die Enttäuschung, die Verbitterung, der Hass,
der Rachedurst der Betrogenen. Und dann kam der Ge-
genschlag: Du bist kein Prophet, sondern ein Betrüger.
Du bist kein Beauftragter Gottes, sondern ein Lästerer.
Er hat Gott gelästert. Es könnte durchaus sein, dass das
Urteil des Hohen Rates über Jesus auch den Gottesknecht von Babylon traf.

Vielleicht hat er sich wirklich getäuscht. Vielleicht
war seine Hoffnung ein Irrtum. Vielleicht reifte die
Frucht, die aus seiner Aussaat in den Herzen wachsen
sollte, ganz anderswo, als er selbst vermutet hatte. So
wurde aus einem tragischen Missverständnis eine der
großartigsten und tragfähigsten Erkenntnisgeschichten

der Menschheit. Es gehört zum Wesen des Prophetischen auch dies, dass, was dringlich erscheint, was groß und wichtig ist, dem Propheten selbst auch zeitlich nahe und dringend erscheint. Der zeitliche Irrtum nimmt der Erkenntnis nicht ihre Größe, so wenig der tragische Untergang des Schauenden die Schau auslöscht.

Auf dem Meer gehen

Aber wohin trug die Erkenntnis jener Stunde in Babylon? Zunächst trug sie aus der Enge einer auf Israel begrenzten Gottesvorstellung in die Weite eines Gottes der Erde und der Menschheit. So griff auch die Zukunftshoffnung Israels, die bislang nur das eigene Volk betraf, auf die Schöpfung aus und reifte heran zu dem großen Gedanken vom Reich Gottes.

Aber das ist nicht alles. Gott war nicht mehr gleichsam der Repräsentant des Lichtes gegen die Finsternis in einer gespaltenen Welt. Denn nun trat am Ende der Zeit des babylonischen Exils ein unansehnlicher, kranker, missgestalteter Mensch als Repräsentant Gottes auf. Das Bild des Leidens und der Erniedrigung wurde zum Bild Gottes und diejenigen, die Gott oben, im Reich des Lichtes, zu suchen gewöhnt waren, gerieten ins Unrecht. Sie waren plötzlich, nach dem Bekenntnis der Späteren, die von seinem Tod berichteten, die Empörer. Oben also war plötzlich die Fratze des Bösen und unten war Gott. Plötzlich stand man vor der Zumutung, Gott in der Tiefe zu entdecken, im Ursprung, und dem missgestalteten Propheten zu glauben, das Werk der Erlösung beginne unten.

Die Erkenntnis, die hier gewonnen und in Christus letztgültig gezeigt wurde, ist die, dass das Oben und das Unten, das Licht wie der Schatten in Gott sei. So war das

Wasser ursprünglich Symbol für den Ort der unteren Mächte, der Drachen und Meergötter, die von den oberen Göttern mühsam in Schach gehalten wurden. Wenn aber nun das Wasser Geschöpf Gottes war, wenn es Instrument seines Willens war, dann war Gott auch der Dunkle, der Gott in der Tiefe. Denn wie das Wasser die Tiefe sucht und alle Mulden, Rinnen und Schluchten ausfüllt, ehe es fließen oder ruhen kann, so füllt Gott sozusagen die Tiefen des Daseins aus, und wer nun in irgendeine Tiefe absinkt, begegnet dort, im Leiden und Sterben, eben diesem Gott der Höhe und der Tiefe.

Das aber anzunehmen ist nicht einfach. Denn nun gibt es die so sehr befriedigende Möglichkeit, sich gegen das Dunkel abzugrenzen und dem lichten, guten Gott zuzugehören, nicht mehr. Wenn der lichte Gott auch der dunkle Gott ist, dann ist die Angst mitten im Glauben anwesend. Dann kommen Leiden und Glück aus derselben rätselhaften Hand. Dann bleibt als Zeichen der Hoffnung nichts mehr als das Wort des unansehnlichen Propheten:

Ich habe dich bei deinem Namen gerufen. Du bist mein. Ich führe dich. Ich habe einen Weg für dich.

Und als bedürfe die Geschichte noch eines letzten großen Kapitels, in welchem der Sinn der ganzen Erzählung erst eigentlich an den Tag kommt, erzählt das Evangelium die Geschichte, wie die Begleiter Jesu in einer Nacht bei Sturm über das Galiläische Meer fahren und in Seenot geraten. Während sie nun in ihrem Fischerboot in der Finsternis mit den Wellen kämpfen, sehen sie etwas: eine Gestalt. Und die Angst packt sie: ein Gespenst! Aber da hören sie aus der Dunkelheit und aus dem Heulen der Elemente eine vertraute Stimme: Ich bin's! Fürchtet euch nicht. Da war Christus, der Meister, bei ihnen. Und das Meer wurde still.

Es hat wenig Sinn, an Erfahrungen dieser Art herum-

160

zufragen, ob sie denn möglich seien. Erfahrungen dieser Art kommen von außen, wo Nacht, Sturm und Meer sind. Und sie kommen von innen, wo ein Mensch in den Bildern von Sturm, Meer und Nacht seine Rettung erfährt. Am Ende ist unwichtig, was außen und was innen geschah, denn es ist tatsächlich alles anders geworden: Es ist einer da. Der Sturm ist nicht souverän. Das Schiff hält stand. Der Morgen kommt und der Meerfahrer macht sein Boot fest. Die Seele geht nicht unter. Der Christus vermag auf dem Wasser zu gehen. Er geht über dem Chaos im Grund der Seele, frei über den Wassern und sagt: Ich bin das Licht der Welt. Das Licht über der Finsternis. »Die erste große, gänzlich in sich gesicherte Helligkeit«, sagte Jean Gebser, »ist damit in der Menschheit zum Durchbruch gekommen, jene Helligkeit, die es zum ersten Mal auszusprechen wagen darf, dass sie das Dunkle, das Leid der Welt, auf sich zu nehmen wage.«

Ich bin's!, sagt der Christus vom See Genezareth. Mitten in dem, was dir Angst macht, bin ich. Fürchtest du den Sturm? Ich bin's. Fürchtest du, was kommt? Ich bin's. Fürchtest du deine Krankheit? Ich bin mitten in ihr. Fürchtest du das Sterben? Es wird eine Begegnung mit mir sein. Du brauchst weder in dir selbst noch an irgendeinem anderen weltabgewandten Ort Zuflucht zu suchen. Nimm die Herausforderung an, die in dieser Zeit liegt. Wenn diese Zeit von dir eine Änderung deiner Gesinnung verlangt – und sie tut es –, dann nimm ihre Forderung an. In dieser Zumutung begegnest du mir.

Und wenn du erkennst, es sei nötig, dass du dich gegen allen Zeitgeschmack offen zu denen bekennst, die jetzt eben den Hass aller zu tragen haben, dann folge deiner Erkenntnis. Im Verurteilten, im Schuldigen, im Ausgestoßenen begegne ich dir.

Du hast keine Angst nötig. Die Zukunft wird, in welcher Form immer sie dir entgegentritt, die Begegnung mit mir bringen. Du kannst nachdenken, wo andere der Hysterie verfallen. Du hast noch eine Güte zu geben, wo andere gezwungen sind zu hassen. Du wirst erleben, dass das Meer still wird, der Sturm sich legt und in der bedrohlichen Wassertiefe sich der Himmel Gottes spiegelt.

Nichts kann die Angst bannen, die heute durch die Welt geht, es sei denn das Wort, mit dem Gott uns mitten aus der Gefahr anspricht. Nichts kann uns helfen, als das eine, dass das Gebirge der Wellen in seiner Gegenwart in sich zusammensinkt und der Horizont frei wird, in dem die Weltgeschichte sich in Wahrheit abspielt.

7

Der Geist von oben und die Stellvertreter Gottes

Unsere Hoffnung auf die Erfüllung unserer Bestimmung

Worauf wartet die Schöpfung?

Was kann aus dem Menschen eigentlich bestenfalls werden? Die Frage stellt sich ja nicht nur von seinem Lebensraum her, dem er zugehört, sondern auch von Gott her, dessen Bild er doch nach der Absichtserklärung Gottes in der Schöpfungsgeschichte sein soll.

Betrachten wir uns selbst, so kann uns etwas Lohnendes, meine ich, etwas Sinnvolles schwerlich einfallen. Man kann uns Menschen erziehen, dressieren, einsetzen für dies und jenes, man kann uns hehre Ziele vor Augen stellen, man kann uns trösten, vielleicht diese oder jene seelische Störung heilen, man kann uns fröhlich, mutig oder traurig stimmen, Liebe oder Hass in uns wecken, man kann uns anfeuern, ausbilden, tüchtig machen zu diesem oder jenem, man kann uns zusammenleimen zu Arbeitskolonnen oder Heerhaufen, und wird doch uns, uns selbst, nicht ändern und unserem »trotzigen und verzagten Herzen« keinen Sinn eröffnen.

»Gottes Geist wohnt in euch.
Der bestätigt euch, dass ihr Gottes Kinder seid.
Denn die sich von seinem Geist führen lassen,
die sind seine Söhne und Töchter.
Sind wir aber seine Kinder,
so haben wir Hausrecht bei ihm
und haben teil an seiner Herrlichkeit.

Darauf aber warten nicht nur wir selbst,
auch die ganze Schöpfung sehnt sich danach,
dass Gottes Herrlichkeit an uns sichtbar wird
und wir Menschen endlich als seine Söhne

in seiner Welt herrschen.
Denn die Natur leidet unter dem leeren Kreislauf,
dem sie ausgeliefert ist.

Gott aber hat ihr eine Hoffnung gegeben:
Sie soll an der Freiheit teilhaben,
die den Söhnen Gottes gegeben ist.
Denn alle Geschöpfe seufzen bis zu dieser Stunde
und liegen in Wehen,
bis eine neue Welt geboren wird.
Aber nicht sie allein, auch wir selbst
sehnen uns danach, endlich Söhne und Töchter
Gottes zu sein
und das eigensüchtige Menschenwesen abzulegen.

Wir sind frei.
Und wir sind es doch erst als Hoffende.
Wir hoffen etwas, das wir nicht sehen,
und erwarten es in Geduld.

Wenn wir aber schwach werden,
wenn wir nicht wissen, was wir beten sollen, so,
dass es wirklich im Sinne Gottes gesprochen ist,
hilft uns der Geist.
Gott aber, der in die Herzen sieht, weiß,
was der Geist, unser Anwalt,
an unserer Stelle vorbringt.

Die aber Gott berufen hat
zur Gemeinschaft mit ihm,
denen hat er auch eine neue Gestalt bestimmt,
ähnlich dem Bilde seines Sohnes,
so dass Christus der älteste ist
unter vielen Brüdern.«   (Römer 8)

Was ist ein »Sohn«?

Die sich von Gottes Geist treiben lassen, sagt Paulus, sind Söhne und Töchter Gottes. Was meint er damit? Ein »Sohn« ist für einen Orientalen nicht das Gleiche wie für uns. Wir denken an die biologische Abkunft eines Menschen, wenn wir Vater und Sohn sagen. Der Orientale denkt in erster Linie an eine Berufung. Der Vater ruft ein Kind bei seinem Namen und macht es so zu seinem Kind. Er anerkennt es, er bekennt sich zu ihm. Tut er das nicht, ist das Kind nicht das seine. Das konnte so aussehen, dass ein Vater sein neugeborenes Kind von der Erde aufheben musste und sagen: »Du ist mein Kind«, damit das Kind als das seine gelten konnte. Nicht dadurch, dass eine Mutter es zur Welt brachte, war es das Kind des Vaters, sondern dadurch, dass der Vater sich als Vater bekannte. Das galt auch für die Königshöfe. Wenn ein König einen tüchtigen Mann zu seinem Stellvertreter, zu seinem »Großwesir« ernennen wollte, berief er ihn mit dem Wort: »Du bist mein Sohn! Heute zeuge ich dich!« Und der Sohn übte das Gericht aus. Er erließ die Gesetze. Er verwaltete das Land. In Psalm 2 spricht so Gott zu einem judäischen König und setzt ihn damit zu seinem »Sohn«, seinem »Gesalbten«, das heißt seinem Messias oder seinem »Christus« ein. Die Worte meinen alle dasselbe. In Apostelgeschichte 13, 33 oder Hebräer 1, 5 wird das Wort auf Jesus bezogen, wie ja auch die Bedeutung der Taufe Jesu im Jordan in dem Wort zum Vorschein kommt, das Gott »vom Himmel herab« spricht: »Du bist mein Sohn. Heute habe ich dich gezeugt.« Der »Sohn« ist der inspirierte Vertreter und Bevollmächtigte Gottes.

Hören wir heute, wir seien »Kinder Gottes«, dann klingt das leicht ein wenig zu lieblich und unserem Anspruch erwachsene Menschen zu sein unangemessen.

Aber um ganz zu verstehen, was die Menschen der Bibel unter »Söhnen Gottes« verstanden, müssen wir uns den ungeheuren Anspruch deutlich machen, der in der Behauptung liegt, der Mensch habe die Bestimmung, inspirierter Bevollmächtigter Gottes in dieser Welt zu sein.

Zugleich aber ist die Erhebung zum Sohn eine Art Befreiung. Wer nicht der Sohn eines Vaters ist, ist in der damaligen Gesellschaft unfrei. Die Erhebung zum Sohn bringt die Befreiung von jeder anderen Autorität als der des Vaters. Sie bringt die heitere Freiheit, die in der Sprache unserer Märchen etwa dem Prinzen und der Prinzessin eignet. Wir sind frei, sagt Paulus, und wir sind Söhne. Wir ergänzen: und Töchter.

Nennt aber Paulus uns Menschen Söhne Gottes, dann sagt er damit zugleich: Diese Freiheit hat der Mensch nicht für sich selbst. Der Sohn steht immer verantwortlich der Welt gegenüber, einer Welt, die auf seinen Geist und seine Hand angewiesen ist. Und wenn er vom Seufzen der Schöpfung spricht, dann meint er, der »Sohn« oder die »Tochter« seien Menschen, die mit den übrigen Wesen so umgehen, wie es deren eigenem Lebenssinn und Lebensrecht entspricht. Die Natur, sagt er, ängstigt sich und seufzt bisher und sehnt sich danach, dass sich in den Menschen endlich die Söhne Gottes offenbaren. Sie wartet darauf, dass sich im Menschen der Beauftragte Gottes zeigt, dass der leere Kreislauf von Leben und Tod, Tod und Leben aufgebrochen wird und sie die Freiheit gewinnt, die aus dem Geist Gottes kommt.

Was tun wir mit der Welt?

Sind wir Menschen beauftragt, den Geist Gottes an die Schöpfung zu vermitteln und mit ihm die Freiheit, dann ergibt sich eine Perspektive, die geeignet ist, uns für ei-

nen Augenblick den Atem zu nehmen. Da haben wir
also einen Kosmos vor uns, wie ihn die Astronomie
sieht, und es fallen uns Worte ein wie Urknall, Antima-
terie, schwarze Löcher, Milliarden Lichtjahre, fremde
Wesen auf fremden Sternen, Raumfahrt und intergalak-
tische Kriege aus der Trickkiste der Romanschreiber.
Wie verhält sich dieser Kosmos zu unseren irdischen
Gedanken über Gott? Meinen wir einen Gott, der nur
für unsere Erde oder allenfalls unser Planetensystem
zuständig ist? Ist er der Herr auch aller anderen möglichen Welten? Und wer ist Christus? Hat er Gott nur den
Menschen auf dieser Erde offenbart, oder gilt, was er
sagte und tat, auch den denkbaren Lebewesen auf anderen Sternen?

Noch eine weitere Frage: In welchem Sinn ist der
Mensch die »Krone der Schöpfung«? Wie steht er den
möglichen Bewohnern anderer Sternsysteme gegenüber? Das ist das Dauerthema von Sciencefictionfilmen
oder -romanen. Liegen wir hinter der Entwicklung an
anderer Stelle des Weltalls zurück? Im allgemeinen
schildert die Sciencefictionliteratur Wesen von anderen
Weltkörpern als unendlich viel intelligenter, meist auch
als reifer, weiser und moralisch besser. Sie schildert den
Kosmos als einen Raum, in dem der Mensch in Gefahr
ist, teils durch seine Unmoral, teils weil er der Erfahrung und der Macht anderer Wesen nichts entgegenzusetzen hat. Wie also schätzen wir uns ein? Wie gedäch-
ten wir uns im Zweifelsfall bei der Begegnung mit
Wesen aus fremden Räumen zu verhalten? Die Antwort
ist auf alle Fälle ein Urteil über uns selbst.

Seit Jahrzehnten laufen in dieser Literatur die Begeg-
nungen zwischen erdachten Bewohnern des Kosmos
und dem irdischen Menschen kriegerisch ab, heute erst
werden da und dort Beziehungen geschildert, die auf
Vertrauen aufgebaut sind, Beziehungen, die auf Verbin-

dung, auf Verständigung angelegt sind. Der Friede zwischen uns und den Menschen einer fremden Zivilisation wird erst allmählich zu einem Thema.

Man gab unlängst einem Satelliten eine kleine Plakette mit, auf der man versucht hatte darzustellen, was ein Mensch sei und wo er im All wohne: Zeichen, Chiffren, die Zeichnung eines Mannes, einer Frau, eines Kindes mit einer Reihe von Symbolen, von denen man annahm, sie seien verständlich. Die Angst vor Kontakten mit ganz fremden Wesen ist da; die Suche nach Kontakten wird bewusst aufgenommen. Aber am Ende wird die Frage sein: Ist der Mensch groß genug für eine solche Begegnung? Ist er demütig genug?

Und diese Frage stellt sich auch auf unserer Erde. Denn wenn der Mensch heute die Schöpfung auf dieser Erde zu zerstören im Begriff ist, dann bleibt doch die Frage übrig, ob er demütig genug ist, das Seufzen der Kreatur zu vernehmen und also eine Umkehr einzuleiten.

Hören aber wir Menschen nicht, was die Schöpfung klagt, dann bringen wir uns selbst in Gefahr. Denn sie klagt ja auch in uns selbst. Hören wir denn, was unser eigener Körper klagt über die Art und Weise, wie wir mit ihm umgehen, ihn vernachlässigen, vergiften, lähmen oder aufpeitschen? Die uns nächst wohnende Kreatur sind wir selbst. Um ihr Seufzen und ihre Klagen zu hören, wäre nötig, dass wir anfingen, uns selbst als Geschöpfe anzunehmen und zu bejahen. Wir müssten wieder anfangen zu glauben, dass dieser Leib und diese Seele, dieses Leben in uns Schöpfung sei, inspirierte, vom Geist durchdrungene und durchwirkte Kreatur.

Die Welt ist noch immer Schöpfung Gottes

Wir sind als Christen gewöhnt, diese Welt als eine »gefallene« anzusehen, als eine Welt, die nicht mehr in Ordnung ist, nicht mehr in ihrem ursprünglichen Zustand. Wir sehen und beurteilen sie zunächst immer von ihren Störungen her, ihren Ungereimtheiten, wir sehen sie voll chaotischer Kräfte, voll Machtgier, Mord und Leid, Schmerzen und Angst, und die Gefahr ist, dass wir das Reich Gottes ersehnen und die Erde ihrem Schicksal überlassen.

Aber diese Erde ist noch immer Schöpfung. Noch immer ist der Geist Gottes am Werk. Denn Gott ist nicht der einsam Thronende hoch über der Kreatur, er ist auch in ihr, und er ist immer auch der Leidende in der Angst und im Seufzen seiner Schöpfung. Wer die Stimme der Klage auf dieser Erde nicht vernimmt, hat auch kein Ohr für die Stimme des wirklichen Gottes. Das Bild des leidenden Gottes in der Gestalt des leidenden Christus geht ja nicht nur den Menschen und seine Schuld und sein Leid an, es steht vielmehr hinter jedem Krümel vergifteter Erde, hinter jeder im Öl erstickten Möwe und jedem leidenden Insekt. Wir reden vom »kosmischen Christus« und stellen ihn uns gerne vor wie die Bildner und Baumeister der großen romanischen Kirchen: als den über den Menschen Thronenden, den Mächtigen, der die Herrschaft hat. Aber der kosmische Christus ist auch der Leidende, gegenwärtig in den Schicksalen der Dinge und der lebendigen Wesen dieser Erde.

Ist dies so, dann müssen wir wohl auch über den Menschen und seinen Anspruch, Krone der Schöpfung zu sein, anders nachdenken als bisher. Er ist dann nicht mehr der einsam Inspirierte mitten in einer geistverlas-

senen, geistlosen Welt. Er ist vielmehr Teil und Repräsentant einer Welt, in der der Geist Gottes überall gegenwärtig und wirksam ist. Er findet also Inspiration
nicht in erster Linie dadurch, dass er sich von der Welt
abwendet und sich auf einen geistigen, einen inneren
Weg begibt. Er findet sie vielmehr dort, wo sie geschieht: mitten in den Geschehnissen der Natur und der
Geschichte, überall, wo er dem schaffenden und wirken-
den Gott in einem seiner Werke begegnet.

Die Biologie hat uns gelehrt, dass der Geist nicht erst
im Menschen erwacht sei, dass er ihm vielmehr vorher-
gehe und die Intelligenz des Menschen hervorbringe.
Der menschliche Geist ist nur eine besondere Form jenes Geistes, sagt die Bibel, der in allem ist, eine Antwort
auf die Gedanken, die der Geist Gottes in der Schöpfung von allem Anfang an gedacht hat. Das Auge erschafft nicht das Licht, es ist vielmehr eine Antwort auf
die Tatsache, dass es das Licht gibt. Das Ohr erschafft
nicht die Töne, es ist vielmehr eine Antwort auf die
Klänge und die Stimmen, die es überall zu hören gibt.
Die Sprache aber ist nichts anderes als wieder eine Antwort auf die Tatsache, dass es ein Ohr gibt, das imstande
ist zu vernehmen. Was die Kreatur jubelt oder klagt,
wird zur Sprache dort, wo ein Mensch hört und, wie die
Bibel sagt, »seinen Mund auftut für die Sprachlosen«.

Es darf doch auch unter Christen keinen Zweifel
mehr daran geben, dass der Mensch eingebunden ist in
das Wurzelwerk der Schöpfung und seine Überlegen-
heit bestenfalls darin bestehen kann, dass er eine Antwort hat, dass er also, wenn er an der Kreatur und mit
ihr wirkt, das Verantwortbare tut. Das bedeutet auch,
dass wir Menschen keineswegs so einsam sind und so
verloren in unserer Welt, wie wir es uns in gefühligen
Augenblicken einreden. Wir sind eingeordnet und ein-
gebettet in die Gemeinschaft des Lebendigen.

Indessen wartet die Kreatur, sagt Paulus, darauf, dass sich im Menschen der »Sohn«, der Vertreter des Schöpfers und des Herrn der Welt, offenbart; nicht durch seine Erhebung über die Natur, sondern durch seine Zuwendung zu ihr. Sie wartet auf den Helfer und Tröster in ihm, sie erhofft von ihm zugleich Größe und Demut: Größe und Demut im Namen Gottes.

Inspiration und Stellvertretung

Dies freilich, fährt Paulus fort, ist ja eben das Elend. Wir Menschen sind ja noch nicht einmal fähig, unsere eigene Klage in Worte zu fassen, wenn wir Gott anreden wollen. Wie sollten wir die Leiden der Kreatur formulieren können? Der einzige, der uns dazu helfen kann, ist der Geist Gottes selbst. Der beginnt in uns zu reden und redet durch uns zu Gott und wir stehen endlich an unserem richtigen Ort: im Kräftefeld nämlich zwischen Gott und Gott.

Wir Christen denken uns Gott gewöhnlich zu klein, zu ähnlich uns selbst. Wir denken ihn, mit gutem Recht und gutem Grund, als »Person«. Wir reden zu ihm. Wir vertrauen darauf, dass er hört. Wir erwarten eine Antwort. Wir sprechen davon, dass er »rede«, und geben unsererseits Antwort. Er ist uns ein erhabenes, ein heiliges Gegenüber und wir sind uns darüber im Klaren, dass wir Menschen nur deshalb »Person« sind und sein können, weil wir Gott gegenüberstehen und unsere Besonderheit, unsere Person von ihm empfangen, dass also unsere Individualität eine Antwort ist wie das Auge eine Antwort auf das Licht.

Andererseits liegt es vielen Menschen unserer Zeit näher, sich Gott, wenn überhaupt, mehr unpersönlich zu denken, vielleicht als eine Art flukturierender Energie aus Geist, aus Kraft, aus Liebe, die alles durchwirkt. Und in der Tat, Gott ist auch wie ein Meer, das uns umgibt, wie die Luft, in der wir atmen. Gott ist »allgegenwärtig«, sagen wir, also wirksam im Stein ebenso wie im Leib des Tiers. Wir sind Gott nicht nur »gegenüber«, wir sind auch »in ihm«, auch wenn wir ihn nicht kennen. Er ist immer der, von dem wir wissen können, und der, der uns fremd und abgewandt ist, zugleich.

Wir Menschen aber, Geschöpfe und Träger Gottes, sind berufen, mehr zu sein als dies: nämlich bewusste Instrumente seines Geistes. Wir sind berufen, Inspiration zu empfangen, offen zu sein nach oben gleichsam, also Geist zu empfangen und mit der Energie dieses Geistes zu wirken.

Jesus Christus spricht so von sich selbst. Er sagt: »Wer mich sieht, sieht den Vater« und will sagen: Nicht ich bin der Wichtige. Wichtig ist der Vater. Ich bin nur die Stelle, an der der Vater zu erkennen ist. Er sagt aber andererseits: »Der Geist ist über mir. Ich bin von Gott gesandt, und wie ich gesandt bin, so sende ich euch.«

Das Bild des Menschen, das wir an Christus abnehmen, ist also von zwei Vorstellungen bestimmt: Da ist einmal die Vorstellung, dass der Mensch nach oben offen sei, Empfänger des Geistes. Inspiriertes Wesen. Gefäß Gottes. Und da ist zum anderen die Vorstellung, dass der Mensch ein Stellvertreter sei, dass er für Gott in der Welt stehe, ihn darstelle, für ihn und in seinem Auftrag handle. Paulus sagt: Wir sollen Christus ähnlich werden, so dass er am Ende der Älteste unter vielen Brüdern und Schwestern ist. Wie aber Christus sein Werk darin gesehen habe, Hoffnung in den Herzen der Menschen zu schaffen, so sei das Amt des Inspirierten, des Repräsentanten Gottes in dieser Welt dies, in den Menschen Hoffnung zu wecken.

174

Dies aber scheint mir am Ende, nach all den Bildern der Hoffnung, das Entscheidende zu sein: dass wir den Mut fassen, so viel vom Menschen, nein, von uns selbst zu halten, dass der Sinn und die Bestimmung unseres Daseins in dieser Welt darin besteht, offen zu sein für den Geist Gottes und stellvertretend für Gott in dieser Welt zu wirken.

Was also ist zu tun? Zweierlei: unsere Gedanken für den Geist zu öffnen, sensibler als bisher, sodass die Wahrheit Gottes und seine Herrlichkeit in diese unsere verschlossene Menschenwelt hereinkomme; und unser Tun und Wirken zu überprüfen, dass es uns am Ende besser gelingt als bisher, Gott in dieser Welt glaubwürdig zu verkörpern.

Inspiration und Stellvertretung, das sind die beiden Elemente jedes künftigen Menschenbildes, wenn es denn in dieser Welt der Menschen für uns selbst und für die Welt noch eine Hoffnung geben soll.

Alles aber liegt daran, dass wir unserer Zukunft nicht abwehrend gegenüber stehen, nicht angstvoll verschlossen, sondern erwartend offen. Nichts ist festgelegt und das Verhängnis ist nicht das Ende.

Martin Buber wendet sich einmal gegen die Zukunftsangst des sogenannten Realisten und sagt:

»Das Einzige,
das dem Menschen zum Verhängnis werden kann,
ist der Glaube an das Verhängnis,
denn er verhindert die Umkehr.«

Kehren wir aber um, dann gehen wir langsamer über den Acker. Wir sehen, was um uns ist, dankbarer und zum Staunen fähiger. Wir gehen wacher zwischen den Bergen und den Bäumen und den Schicksalen der

Menschen hin und bereiter unser Amt wahrzunehmen.

Niemand hat uns verheißen, auch die Noah-Geschichte nicht, die Erde werde ewig stehen. Aber das halten wir fest: dass Gott uns trägt und bewahrt und mit uns seine Schöpfung. Und das andere lassen wir uns sagen: dass wir berufen sind mit Christus zu wirken, und sei es leidend, so dass am Ende Christus der Erstgeborene ist unter vielen Geschwistern.

————

Quellenhinweis zu Seite 89:
Georg Trakl, Ein Winterabend. Aus: Georg Trakl,
Dichtungen und Briefe, Otto Müller Verlag, Salzburg.

Überarbeitete Ausgabe des erstmalig 1979 erschienenen Titels
Jörg Zink, Eine Handvoll Hoffnung. Biblische Reden

1   2   3   4   5   03   02   01   00   99

© Kreuz Verlag Stuttgart 1999
Postfach 800669, 70506 Stuttgart, Tel. 0711-788030
Umschlaggestaltung: Jürgen Reichert, Stuttgart
Umschlagbild: Jörg Zink
Gesamtherstellung: Ebner Ulm
ISBN 3 7831 1698 8

Das Wichtigste aus der Bibel

Ich bin das Brot,
von dem die Menschheit lebt,
sagt Jesus.
Wer mein Wort hört,
wer das Gespräch mit mir sucht,
wird leben.

Wenn wir heute fragen, womit und wovon wir leben
können, werden wir immer und immer wieder auf ihn
zurückkommen. Kein Volk, keine Kultur, kein Denker
und kein Dichter haben an die Stelle seiner Worte je
etwas Besseres und Wichtigeres setzen können.

Jörg Zink

Jörg Zink
Womit wir leben können
*382 Seiten, Bibelstellen-
register, Hardcover oder
Paperback*

KREUZ: Was Menschen bewegt.